国是智库发展战略
研究报告系列

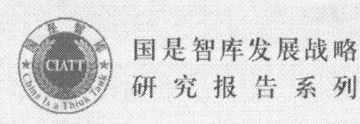

北京市博士爱心基金会资助出版

高海拔草原旅游活动的开发模式
——基于甘南草原的实证分析

GAOHAIBA CAOYUAN LVYOU
HUODONG DE KAIFA MOSHI
—JIYU GANNAN CAOYUAN DE SHIZHENG FENXI

孟 涛／著

中国财经出版传媒集团
经济科学出版社
Economic Science Press

图书在版编目（CIP）数据

高海拔草原旅游活动的开发模式：基于甘南草原的实证分析/孟涛著.—北京：经济科学出版社，2016.11

ISBN 978-7-5141-7484-7

Ⅰ.①高… Ⅱ.①孟… Ⅲ.①高纬度地区-草原-旅游资源开发-研究-甘南藏族自治州　Ⅳ.①F592.742.2

中国版本图书馆 CIP 数据核字（2016）第 285589 号

责任编辑：于海汛　李　林
责任校对：隗立娜
责任印制：潘泽新

高海拔草原旅游活动的开发模式
——基于甘南草原的实证分析
孟涛　著
经济科学出版社出版、发行　新华书店经销
社址：北京市海淀区阜成路甲28号　邮编：100142
总编部电话：010-88191217　发行部电话：010-88191522
网址：www.esp.com.cn
电子邮件：esp@esp.com.cn
天猫网店：经济科学出版社旗舰店
网址：http://jjkxcbs.tmall.com
北京京鲁数码快印有限责任公司印装
710×1000　16开　8.75印张　120000字
2016年11月第1版　2016年11月第1次印刷
ISBN 978-7-5141-7484-7　定价：26.00元
(图书出现印装问题，本社负责调换。电话：010-88191510)
(版权所有　侵权必究　举报电话：010-88191586
电子邮箱：dbts@esp.com.cn)

目 录

第1章 绪论 / 1

1.1 研究区概况 / 1

1.2 研究背景与意义 / 6

1.3 研究目标 / 10

1.4 研究方法与技术路线 / 11

1.5 研究内容与创新 / 13

第2章 相关研究进展 / 15

2.1 青藏地区草原的生态特征及旅游业状况 / 15

2.2 旅游业的生态影响 / 23

2.3 旅游业可持续发展中存在的问题 / 26

2.4 旅游业发展策略 / 31

第3章 甘南草原区旅游活动分析 / 37

3.1 游憩观光类旅游活动 / 37

3.2 民俗体验旅游活动 / 43

3.3 休闲度假旅游活动 / 54

3.4 节庆旅游活动 / 65

3.5 宗教朝圣旅游活动 / 71

3.6 其他专项旅游活动 / 77
3.7 各种旅游活动之间的关联性分析 / 81

第4章 甘南草原区旅游活动的生态影响分析 / 83

4.1 旅游活动生态影响评价指标 / 83
4.2 游憩观光旅游活动的生态影响评价 / 85
4.3 民俗体验旅游活动的生态影响评价 / 87
4.4 休闲度假旅游活动的生态影响评价 / 89
4.5 节庆旅游活动的生态影响评价 / 92
4.6 宗教朝圣旅游活动的生态影响评价 / 94
4.7 其他专项旅游活动的生态影响评价 / 97
4.8 综合分析 / 100

第5章 甘南草原区旅游业生态影响控制模式 / 105

5.1 旅游业生态影响控制的"一二四"模式 / 105
5.2 一个旅游业生态影响控制战略 / 108
5.3 两种旅游业生态影响控制方法 / 113
5.4 四项旅游业生态影响控制举措 / 117

第6章 结论与讨论 / 127

6.1 主要结论 / 127
6.2 讨论 / 131

参考文献 / 133

第 1 章

绪 论

1.1 研究区概况

1. 自然地理条件

甘南州地处青藏高原东缘，处于青藏高原和黄土高原过渡地带，地理坐标位于东经 100°46′~104°44′，北纬 33°06′~36°10′，辖合作市和临潭、卓尼、迭部、舟曲、夏河、玛曲、碌曲 7 个县，面积 40201 平方千米，人口约 73 万。甘南草原是全国第五大绿色草原，也是黄河的产流区、水源涵养区和白龙江的源头区，其生态价值突出，但生态环境脆弱。甘南草原主要分布在甘南州的西部（见图 1-1）。

甘南草原南临四川，西界青海。草原面积 3758 万余亩，以高寒阴湿的高寒草甸草原为主，海拔多在 3000 米以上，年均降雨 600~810 毫米，年平均气温 4℃，其中夏季平均气温 8~14℃。甘南草原主要分布在玛曲、夏河、碌曲、合作、卓尼五县市。

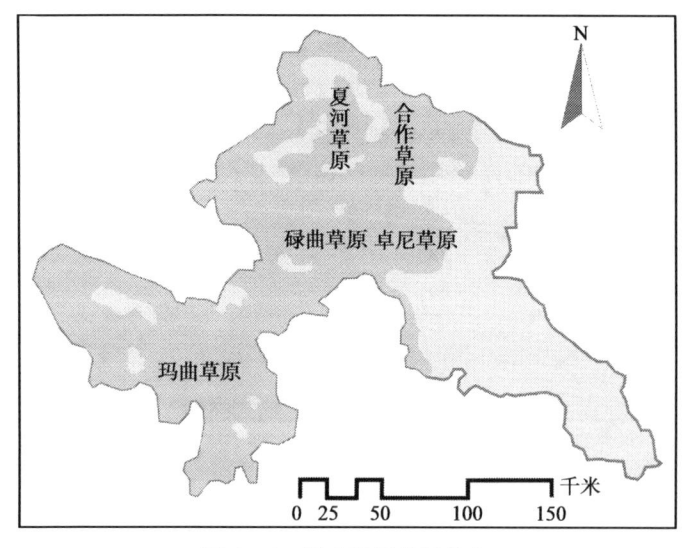

图 1-1 甘南地区草原分布

2. 旅游开发状况

2012 年甘南州共接待游客 308 万人次，相比 2011 年增长 26.2%，其中，草原旅游的比重占 1/3 以上。随着旅游业的快速发展，有关产业基础设施建设力度也逐渐加大，全州拥有星级酒店共 38 家，农（牧）家乐总计 650 多家。在旅游交通方面，甘南草原上主要有省道 313 线、省道 306 线、省道 204 线，其中省道 306 线、204 线达到或部分路段即将达到二级公路标准，省道 313 线为三级公路标准。目前临夏至合作、王格尔塘至夏河、合作至郎木寺的高速公路正在或即将被开工建设；多条景区连接道路正在被改造，其中所有 A 级景区的道路将被升级改造为国家二级公路；铁路、机场也正在规划建设之中。在草原旅游景区方面，当周草原景区正处在建设进程之中，桑科草原景区即将被提升改造，美仁草原景区、甘加草原等景区正处在开发前的规划阶段。随着旅游业的快速发展，旅游活动对草原的生态影响问题不容忽视。

3. 草原基本特征

（1）甘南草原是青藏高原典型草原区域。甘南草原的平均海拔在

3000米以上，气候寒冷、夏短冬长，草丛植被的生长期短。与西藏及青海的草原相比，甘南草原的草丛植被较好，由于降雨量相对较多，甘南草原上湿地广布，草原景观的游览观赏价值突出。同时甘南草原上藏传佛教寺院众多，藏族民俗风情浓郁，具有与西藏及青海同样的草原民俗氛围。因此，在整个青藏草原区域，甘南草原的自然景观及人文风情均较为典型，具有突出的代表性。

(2) 甘南草原是可进入性强的青藏区域。甘南草原地处青藏高原东缘，从甘肃、四川均容易进入。与青藏草原其他区域相比，甘南草原的道路交通状况相对较好，已有高速公路直入甘南州中心城市合作，其他若干条高速公路也正在规划建设之中，根据道路交通规划，至少有兰成、兰渝两条铁路贯通甘南草原，夏河机场也正在规划建设之中。大部分甘南草原的海拔在3500米以下，与青藏草原其他区域相比，进入者的高原反应不是十分剧烈，大部分游客均可进入甘南草原进行旅游休闲。

(3) 甘南草原的旅游业态相对较为发达。由于距离兰州、成都、西宁、西安等客源市场较近，再加上甘南草原的景观较为典型，甘南草原旅游起步时间较早，夏河桑科草原已成为甘肃省传统的草原型旅游景区。同时，由于甘南草原上除草原景观之外、局部地区还具有森林、湖泊、河流、山岳、寺院等旅游景观，因而旅游业形态也比较丰富。夏河草原的年游客接待量逾70万人次，整个甘南草原的年游客接待量逾100万人次。近年来，甘南草原的客流量呈快速增长态势，经常出现接待能力不足的状况。伴随着旅游产业的快速发展，旅游业的生态环境影响效应也得以充分显现，因此以甘南草原作为研究案例区，能充分了解到高海拔草原区域旅游业的生态环境效应。

4. 代表性草原区

(1) 玛曲草原。玛曲草原地处青藏高原东部，最低海拔3300米，有"亚洲第一天然牧场""天下黄河第一弯""黄河的蓄水池"和"中华水塔"等美誉。黄河在玛曲草地上蜿蜒曲折433公里，形成了"九曲黄河第一弯"的壮丽景观。玛曲草原上的地表水资源十分丰富，流经境内的天下黄河第一弯约补充黄河水量的45%。玛曲草原在2005年《中国国家地理》组织的"选美中国"活动中被评为"中国最美的五大草原湿地"第一名；同年，又被美国最具权威的旅游杂志《视野》《探险》评为"让生命感受自由"的世界50个户外天堂之一；2010年在第十六届亚洲旅游业金旅奖及大中华区域文化大奖发布会上，玛曲草原被评为"亚洲大中华区十大自然原生态旅游区"；玛曲草原上每年举办藏区规模最大的赛马盛会，还被国家体育总局命名为"中国赛马之乡"。玛曲草原包括贡赛尔喀木道、曼日玛乔科大沼泽地、欧拉西麦朵合塘等。

贡赛尔喀木道，藏语意为贡曲、赛尔曲、道吉曲三条河流与黄河汇流之地，面积约200平方公里，具有重要的景观美学意义和生态保护价值。贡赛尔喀木道历史悠久，自古为通往木西合、果洛州的咽喉要道和兵家必争之地，有"欲得河曲，先占贡赛"之说。这里景色优美，风景独特，是探险家、旅行者、摄影家、文学家的向往之处和游客的避暑胜地。

曼日玛乔科大沼泽地平坦广阔，坡丘平缓，水草丰美，因出产河曲马而闻名天下。一路东南奔流的黄河在这里遇上隆起的松潘高原阻隔，另辟出路环而北流，形成黄河首曲最大的一块生态湿地。曼日玛草原上的河曲马场是河曲马的培育中心，是玛曲极富特色的风景区之一。曼日玛草原湿地栖息着梅花鹿、白唇鹿、香獐、雪豹、棕熊、水獭、白天鹅、黑颈鹤、雪鸡、藏原羚等数十种珍禽异兽。

欧拉西麦朵合塘"吉祥花滩"面积约64平方公里，滩西群山对峙，绵延不尽，中间河谷滩地，地势平坦，牧草丰美，无数的溪流蔓延其中，美不胜收，被誉为"花的海洋"。每年7月，一地金莲花盛开，香气袭人，被称为"花的海洋"；8月，天蓝色的格桑花竞相开放；10月，素淡的毛茛花斑斑点点绵延天际。相传这里是格萨尔大王的故乡和岭国的根本之地，同时又是"唐蕃骏马之道"的分支路段，自古成为洮、岷、松、迭州各地观光、贸易往来的重要通道，素有"河曲交易之地"的美称。

(2) 夏河草原。夏河天然草原面积5025.60平方公里，占土地总面积的80.10%。夏河草原平均海拔3300米，大陆高原性气候特征明显，寒冷阴湿，冬长夏短，牧草生长期短，光、热、水匹配不良，冰雹、霜冻、强降温、暴风雪、洪涝等气象性灾害频繁而严重。水资源较为丰富，是甘肃省内丰水区之一，黄河支流大夏河和洮河分别贯穿夏河草原的东部和南部。

夏河草原主要包括达久滩草原、甘加草原等。达久滩草原属于草甸草原、平均海拔在3000米以上，是甘南藏族自治州的主要畜牧业基地之一。桑科草原旅游区即位于达久滩草原范围内。达久滩藏语意为跑马滩，四周群山环绕，其间大夏河水从南向北缓缓流过。达久滩草原水草丰茂，牛羊肥壮，是一处典型的高原草地，理想的天然牧场。夏季的达久滩草原碧绿如茵，繁花似锦，牛羊遍野。

甘加草原位于夏河县城西北18公里，周围群山环绕，是闻名中外的"甘加型藏羊"的故乡，央曲河和央拉河在甘加草原上蜿转流淌。甘加草原上的八角城是一座有两千年历史的古城，是唯一一座打破常规按空心十字形建造的古城池，式样奇特，由古藏人按照苯教的标志符号而建。城墙完全为泥土建筑。据史料记载，八角城是汉置白石县旧址，也是河州通往西南蕃的要道之隘口，是当年汉、羌、唐、蕃之边塞重镇，也是汉与吐谷浑、吐蕃、西夏、角斯啰等王朝剧烈争夺的战略要塞。八角城附近有白石崖溶洞，洞内有许多佛像，是甘加草原上的一处藏传佛教胜迹。

(3) 碌曲草原。碌曲草原面积3940平方公里，占全县土地面积的95.15%。碌曲草原与四川若尔盖草原毗邻，地处甘南草原西南部西倾山脚下，海拔2900~4287米，水草丰美，草原辽阔。碌曲草原是黄河最大的支流洮河以及长江最大的支流白龙江的发源地。碌曲草原上拥有郎木寺及则岔石林两处知名旅游资源点。自2012年起，碌曲草原上举办规模宏大的锅庄舞大赛，打造富有特色的草原文化活动。近年来，草地沙化、退化、盐渍化现象在持续扩展，优良牧草比例、牧草产量、植被盖度下降，毒杂草增加，鼠虫灾害发生面积扩大。

郎木寺所在之处被称为莲花生大师降伏妖魔之地，处甘、青、川三省接壤地带，山水相依，景色秀美，有"东方小瑞士"之美称。寺前山脉形似僧帽，寺东红色砂砾岩壁高峙。郎木寺现有闻思学院、续部学院、时轮学院、医学院、印经院。郎木寺一庙跨两省，白龙江将郎木寺分成两部分，分别为"甘肃庙"和"四川庙"。则岔石林早在1998年就被列为国家级自然保护区。则岔藏语意为羚羊的家园。山势巍峨陡峭，石林屹立，流水清澈，林木茂密，有众多珍禽异兽栖息。

1.2　研究背景与意义

1.2.1　研究背景

1. 青藏草原区生态系统十分脆弱

草原是我国面积最大的陆地生态系统。我国拥有各类天然草原近4亿公顷，约占国土面积的41.7%。我国草原主要分布于北方干旱区和青藏高原。草原面积在1500万公顷以上的省区有7个，分别为西藏、内蒙古、新疆、青海、四川、甘肃、云南，这7个省区的草原面积合计达3.1亿公顷，占全国草原面积的79%，而其他省区草原面积合计只有0.8亿多公顷。西藏、青海、四川、甘肃、云南的草原大部分处于青藏高原的范围之内，因此总体上我国的草原可以分为三大块，即内蒙古草原、新疆草原、青藏草原。内蒙古草原大部分海拔在1000~1500米，地处温带半干旱大陆性季风气候区。新疆草原大部分海拔在1500米左右，是世界著名的干旱荒漠区，气候干旱，植被稀疏，荒漠植被基本由旱生的小乔木、灌木和半灌木组成。在新疆的高大山区如天山、阿尔泰山以及山地森林带以下的亚高山草原、高山草甸等区域内有着广阔的草场，是重要的牧场之一。甘南草原属青藏高原地区。青藏高原占我国陆地总面积的 26.8%，是我国最大的生态脆弱区，中、重度以上脆弱区的面积占区域总面积的 74.79%（于伯华，2011）。青藏高原草场总面积达 1.4 亿公顷，占青藏高原总面积的 53%，主要有草甸、草原、沼泽和荒漠四类草场，是我国最大的牧区。青藏草原地势高峻，气候寒冷，平均海拔为 4000 米左右，生态系统脆弱，所以旅游业开发的生态风险也比较突出。

2. 高海拔草原区生态退化现象严重

我国的草原退化面积已达到 90% 以上，相当一部分草地出现严重退化，变为沙地、盐碱地。草原地区生态退化不仅直接影响到牧区经济发展和牧民生活水平提高，还直接危及国家生态安全，近年来国家加大投入，实施了一系列草原生态治理和保护工程，但草原生态总体恶化的局面没有被有效遏制。伴随着草原退化，草原生物多样性也在锐减，原来草原上很著名的野狼、黄羊等动物已经很少；草原植物种类也在减少，牧草的多样性在下降，草场生产力每年也以惊人的速度下降。

甘南草原的生态退化现象同样严重，以甘南高原东缘的玛曲草原为例，沙化草地面积已达 69.5 万亩，而且以每年 3000 多亩的速度在递增，黄河沿岸的草地已出现的长达 220 公里的沙丘。湿地面积也在减少，黄河的 27 条主要支流中，已有 11 条常年干涸，另有不少河流成了季节河，大部分山谷的小溪绝流，数百个湖泊水位明显下降，地表径流量和土壤含水量锐减。如果按照近 20 年来的退化速度，10 年后，玛曲草原的植被的平均盖度将降至 50% 以下。草原退化导致黄河沿岸河岸塌方与水土流失严重，每年向黄河输送泥沙 50 多万吨，致使河床逐年抬高，促使黄河频繁改道。原先的河床、河沙裸露在外，加剧了土地沙化进程。草场退化诱发鼠害频发，鼠虫害大肆泛滥的地方，逐步演变成了沙化区。目前，鼠虫危害已侵袭了整个玛曲县可利用草场面积的31%,面积达386万亩。

3. 旅游已成为甘南草原区重要产业

高海拔草原拥有许多珍稀奇特、吸引力强的生态旅游资源。由于畜牧业税收的免除,草原区的地方政府把草原旅游作为增加地方财政收入,促进地方经济发展的重要抓手;跟传统畜牧业相比,旅游业的产值更高,关联带动效应更强,同时旅游业还可以在不改变草场畜牧业利用方式的前提下开展,因此地方居民发展草原旅游业的愿望也比较迫切。外部游客对生态气息浓厚,美学价值突出的草原景观也比较向往。在供需双方共同的推动作用下,旅游业已成为部分草原区重要的产业形态。如甘南州夏河的桑科草原、碌曲的尕海湿地、玛曲的贡赛尔喀木道等,其旅游业正在发挥提升地方财政收入及富民的作用。

4. 生态旅游被看做环境友好型产业

在高海拔草原区生态环境受到传统开发利用方式威胁的背景下,生态旅游成为一种重要的环境保护策略(David M,2012;Chandra Prakash KALA,2011)。在甘南草原区域,迫于地方生计及追求经济发展的压力,超载过牧的现象普遍存在,也诱发了草地退化、牧草质量下降等诸多生态问题。由于运营模式恰当的草原旅游业的确具有减轻传统牧业对草原的压力、恢复草原生态、筹措环保资金、美化草原环境的作用,因此保护草原环境已成为高海拔草原区发展旅游产业的重要目标之一。当地政府及外部社会各界均对旅游产业的生态环境保护效应寄予厚望。但在旅游业实际运营过程中,由于片面追求经济利益、游客环保意识欠缺、开发运营模式不妥当等原因,旅游业的生态环境促进作用并未达到预期效果。

5. 旅游开发同样造成诸多生态威胁

同时,旅游业也已成为高海拔草原区生态威胁的重要因素之一。旅游业的固、液、气废弃物产出量大,增加了草原的负荷。旅游区点所创造的生活水准一般远远高于周边地域当地居民的生活水准，其用水量、能耗量、垃圾废物产出量均比较高，对草原造成了不容忽视的生态威胁。由于部分开发商单纯是旅游经济效益的攫取者，而非地域生活的进行者，游客也只是草原生态文化暂时的体验者，这会导致部分开发商及游客最大限度的利用草地，而不能自觉地对草地资源进行保护。一些旅游建设需彻底改变草地的地表性质，对草地进行占用或硬化地表，因此就局部草地而言，旅游业对草地的生态破坏要远远高于传统畜牧业。游客的活动践踏是造成草地生态风险的又一个重要因素，会直接导致地表沙化、形成草地生态退化的人为源点。事实表明，旅游业对草地生态的各种威胁在草原旅游区点都正在不同程度的显现。当前，国家正在实施"一带一路"战略，我们对于丝绸之路节点相干产业的研究显得尤为必要。

1.2.2 研究意义

1. 理论意义

高海拔草原旅游区生态脆弱，地质地貌条件及旅游景观特色鲜明，其既不同于其他非草地型旅游景区，又不同于内蒙古、新疆等低海拔区域的草地型旅游景区，因此高海拔草原区域旅游的生态影响及可持续旅游发展模式也有其自身特征和规律，对高海拔草原区域旅游的生态环境效应进行针对性研究十分必要。本研究对甘南草原这一特定区域的旅游生态影响规律及旅游业可持续发展模式进行探索，有助于将生态旅游研究具体到特定的区域类型，并着重探讨生态脆弱区的旅游业生态威胁及可持续发展问题。分析各类旅游活动对草原生态的影响程度，有助于分析不同旅游活动对草原生态的影响机制，深化高海拔草原区域生态旅游的消费行为研究。本研究将旅游消费行为学、生态学、经济学、管理学等理论应运于甘南草原区的生态旅游研究，有助于形成多学科综合交叉型的研究成果，既加深对甘南区域旅游生态影响的认识，又丰富高海拔草原生态旅游的研究内容。

2. 现实意义

引起高海拔草原区域旅游消费者、旅游开发经营者、当地居民、地方政府对旅游生态威胁的认识，使相关个人和机构充分认知不同旅游活动对草原生态的影响程度，从而选择较为恰当的旅游消费及旅游业运营方式。分析研究甘南草原区域的环境友好型生态旅游模式，为整个丝绸之路节点中的青藏草原旅游规划的编制、旅游发展战略的确立、旅游业的开发运营提供现实指导。

通过对甘南草原的分析，在充分认识甘南草原区旅游业生态影响的形成机制、影响程度大小、影响结果等的基础上，尽可能规避和减少旅游业的负面生态影响，并充分利用旅游业的正面生态效应。在此基础上，引导甘南草原区域的旅游业向名副其实的"环境友好型"产业的方向发展，真正发挥旅游产业作为"环境友好型产业"的作用，既实现产业富民，又转变甘南草原区传统粗放的畜牧业生产方式，减畜减牧，减轻草原的负荷压力，促进甘南草原区社会、经济、生态效益的有机和谐统一。

借此为整个高海拔草原地区的旅游经济发展提供借鉴和参考，也为国家的"一带一路"战略的落地做一些产业的实证研究，有助于国家战略与当地经济社会文化发展的有机融合。

1.3 研究目标

（1）以甘南草原作为研究对象，对研究区域的旅游业态、旅游活动，以及甘南草原旅游区点的生态环境状况进行系统梳理和分析。

（2）分析甘南草原区域各种旅游活动对生态环境所产生的正面及负面影响，包括影响方面、影响程度等；分析各种旅游活动环境影响的成因。

（3）分析在甘南草原区域降低旅游业负面生态影响，并使旅游业正面生态效应得以发挥的制约及促进因素等。

（4）基于实际调查研究及推理分析、归纳总结，提出甘南草原区域生态旅游可持续发展模式。

（5）为高海拔草原区域的生态旅游发展提供理论参考，服务国家战略。

1.4 研究方法与技术路线

1.4.1 主要研究方法

1. 实地调查研究法

本研究在案例区进行实地调查分析，着重调查了解旅游资源状况、自然生态条件、社会文化环境、旅游服务设施、游客接待状况、旅游产业形态、旅游环境影响等。通过实际调查，分析各种旅游活动对生态环境所造成的影响，以及分析旅游产业生态环保效应的发挥情况。

2. 对比分析研究法

对各种旅游活动的生态影响进行系统的对比分析，对比分析内容包括各种旅游活动的生态影响机制、影响程度、社会经济效益、市场发展趋势等。对草原旅游景区与森林、湖泊、山岳型旅游景区的旅游吸引力进行对比。通过对比分析，发现负面生态影响较小的旅游活动，提出草原型旅游区旅游经济效益提升策略，探寻有助于草原旅游发挥正面生态效应的内外部支撑条件。

3. 归纳推理总结法

归纳总结甘南草原区域生态旅游的特征及其对生态环境影响的规律，总结有助于降低生态环境负面影响、扩大生态环境正面影响的甘南草原区生态旅游开发运营经验，借鉴有助于生态及经济效益综合协调的生态旅游业运营模式，并吸取生态旅游开发运营方面的经验教训，并基于此归纳总结出甘南草原区域生态旅游的可持续发展模式，为相关区域的生态旅游发展提供理论借鉴。

1.4.2 研究路线

本书的研究路线及逻辑结构如图1-2所示。

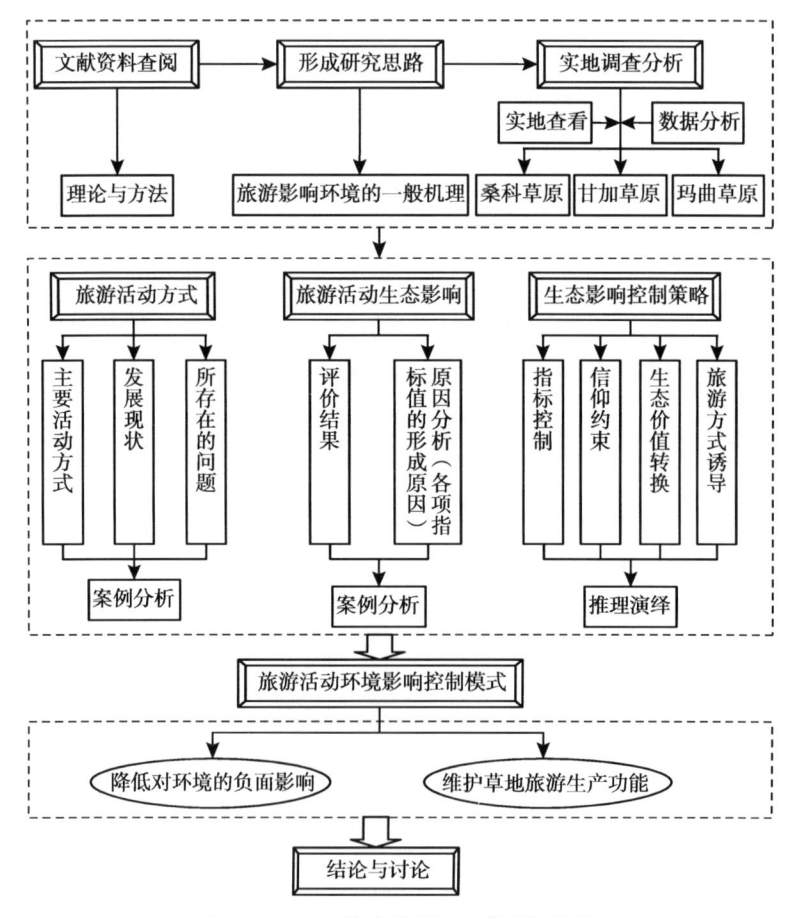

图1-2 研究技术路线及总体逻辑结构

1.5 研究内容与创新

1.5.1 内容框架

全书共分为6章。

第1章为绪论。主要内容包括：研究背景与意义，研究目标与案例区选择，研究方法与技术路线，研究内容与创新。

第2章为相关研究进展。主要包括甘南草原区的生态特征及旅游业状况、甘南草原区旅游业的生态影响、旅游业可持续发展中存在的问题、甘南草原区旅游业发展策略这几个方面的研究进展情况。

第3章为甘南草原区旅游活动分析。主要内容包括甘南草原区游客观光旅游活动、民俗体验旅游活动、休闲度假旅游活动节庆旅游活动、宗教朝圣旅游活动及其他专项旅游活动的发展现状及存在的问题。

第4章为甘南草原区旅游活动的生态影响分析。主要内容是对各种旅游活动的环境影响结果进行评价，并对各种旅游活动的环境影响原因进行分析。

第5章为甘南草原区旅游业生态影响控制模式。主要提出了甘南草原区旅游业生态影响控制的"一二四"模式，即"一个旅游业生态影响控制战略、两种旅游业生态影响控制方法、四项旅游业生态影响控制的具体措施"。

第6章为结论与讨论。归纳本书的主要结论，并提出需要进一步深入研究的内容和方向。

1.5.2 主要创新点

本书的创新点主要有以下三个方面：

第一，系统分析了甘南草原区各种旅游活动环境影响状况的原因，识别了对生态环境负面影响小的旅游活动方式。

第二，提出甘南草原区旅游环境影响控制的"草地景观公共物品化管理战略"：将甘南草原的草地景观看作公共物品，采用公共物品式的管理办法。

第三，通过调查研究，发现了藏传佛教的生态伦理思想在甘南草原区生态环境保护中的独特作用，提出旅游环境影响控制的信仰约束方案。

第 2 章

相关研究进展

甘南草原地处青藏高原,是青藏地区草原的一部分。关于青藏地区草原旅游、草原旅游的生态影响、青藏草原区旅游生态影响控制的相关研究,以及其他与草原生态旅游相关的有关研究成果,可为甘南生态旅游的合理开展以及旅游业生态影响的控制提供理论借鉴。

2.1 青藏地区草原的生态特征及旅游业状况

2.1.1 生态特征

1. 生态系统稳定性差

地处青藏草原区域的三江源国家级自然保护区是我国面积最大、世界青藏地区生物多样性最集中的自然保护区,也是生态系统最敏感的地区(陈蓉,2012)。草原生态系统的基本结构由生产者、消费者、还原者组成。物质、能量在草原生物之间通过取食和被取食关系，结成紧密而又复杂的网络。通常食物网络越复杂，生态系统越稳定，抗外力干扰能力越强；反之，生态系统自我调节能力低，稳定性差，容易发生波动甚至崩溃。我国的草原可分为温带草原生态系统、温带荒漠生态系统、高原高寒草原生态系统三大类型。青藏草原区属于高原高寒草原生态系统，其食物网络比较简单，生态系统稳定性差。从气候条件来看，青藏高寒草原则热量低，年差小而日差大，太阳辐射强，日照充足，大风雷暴冰雹多；从土壤条件来看，青藏草原区的土壤为高山灌丛草甸土、高山草甸土、高山草原土、山地荒漠土和高山荒漠土，土壤的肥力差，腐殖质含量低甚至微弱，团粒结构差，表土砾质化、砂质化，容易遭受风蚀和水蚀。由此可以看出，青藏草原的生境条件比较恶劣，土壤肥力较差，生态系统稳定性小，转化性大，脆弱程度较高，本身隐含着退化的极大倾向和危险，一旦人为利用不当，极易导致植物群落的衰退，风蚀、水蚀加剧，土地荒漠化，从而破坏生态系统平衡。同时由于草原景观的均一性，旅游功能分区时很难将游览区与生活服务区分离，常常是生活区与景区合为一体，使得旅游发展很容易造成草原景观整体性的分割和草原生态环境的破坏（吕君，2005）。

青藏草原区突出表现为以高寒为主要特征的高寒草甸、高寒湿地和高寒草原为代表的生态系统及其景观类型，在动植物区系上表现出其独有的特有种，如国家级珍稀保护动物野牦牛、藏羚羊、雪豹、藏野驴等，特有植物种如青藏苔草等。生态系统结构简单、自稳定性差，气候寒冷，物质循环缓慢，生物和地貌发育水平明显低于其他地区，生态系统结构十分简单。该地区分布面积最大的是高寒草原，植被群落中优势度最大的是禾本科、莎草科、豆科、菊科、石竹科和报春花科6类。生态系统生产力水平低下，自我恢复能力弱。高寒草甸植被在其生长周期内的生长高度一般仅在 10~30 厘米，1 平方米的样地内物种种类数量仅 8~20 种，层次分化不明显，仅 2~3 层；年平均产鲜草仅 1500~1950 千克/公顷，远比其他降水和气温条件较好地区的草地生物学产量低得多,极易因外界因子的干扰和破坏而发生退化,且极难恢复(赵霞,2005)。青藏草原地区地表生物自然恢复能力周期在50年以上(薛明,2001)。

2. 生态价值十分突出

青藏草原区虽然生态系统脆弱,但却具有如下突出的生态功能。(1)防风固沙,保持水土。草原上的许多植物根系较发达,根冠较大,根部一般是地上的几倍乃至几十倍,它能深深的植于土壤中,牢牢地将土壤固定;草地比裸地的含水量高20%以上,在大雨状态下草原可减少地表径流量47%~60%,减少泥土冲刷量75%~78%,它的防风固沙能力比森林高3~4倍。(2)调节气候,涵养水源。夏季草地温度比裸地低3~5℃,而冬季则高6℃左右;除此之外,草原生态系统还具有较高的透水性和保水能力,这可减少地表径流量,增加贮水量。在同等气候条件下,草原土壤的含水量较裸地大约高出90%,涵养水源能力也比森林高0.5~3倍。(3)改善环境,净化污染。草原生态系统还可以吸收其他许多有害气体,如二氧化硫、二氧化氮、氟化氢等,起到改善环境,净化空气的作用;草原生态系统还可以去除空气中的污染物,如吸附粉尘,消除噪音,能给人们提供一个舒适、安静的生活环境。(4)保护生物多样性。草原上存在着大量的动植物和微生物,为人类提供着丰富的基因资源(张富贵,2005)。

青藏草原区域在气候调节、固碳、生物灾害的控制、遗传基因资源、景观、文化教育等方面具有极其重要的生态服务功能,是保障我国生态安全的关键地区之一(欧阳志云,2010)。青藏草原区是许多大江大河的源头,如三江源地区被称为"亚洲水塔",为流域下游近6亿人口提供生存和生活所需的生态服务。每年向下游能提供约512亿立方米的水量(吕植,2011)。草原生态系统不仅能提供大量人类社会经济发展中所需的畜牧产品、植物资源,还对维持我国自然生态系统格局、功能和过程,尤其是干旱、高寒和其他生境严酷地区起到关键性作用,具有特殊生态意义（吕君，2005）。

由于生态环境严酷，地形复杂高峻，交通信息闭塞，社会经济条件落后，使许多青藏草原区成为人烟最稀少，受人类影响最弱的地区，其自然景观和生态系统也保留了较好的原生性，具有很高的旅游价值（赵霞，2005），从而使青藏草原区域具有突出的旅游文化功能。

2.1.2 旅游资源

1. 自然旅游资源

青藏草原区地处青藏高原，群山连绵、雪峰林立、江河纵横、湖泊众多，自然生态丰富多样（李增民，2005）。学者们普遍认为草原旅游资源具有天然性，类型丰富，景观开阔，气候舒适，民俗文化与草原景观紧密结合等优势，也具有景观相对单调，可进入性较差，生态环境脆弱等特点。草原旅游资源保护是草原旅游能否持续发展的关键。学者们认为应利用法律手段和政策，根据合理环境承载量估算确定游客数量和旅游业发展规模，进行地域和时间的轮休，实施游客教育，提高管理能力，景区内外进行草原保育和建设（刘敏，2007）。草原旅游资源的核心是草原植被，各类草原植被与其环境，如山地丘陵、滩川平地、水体道路、设施建筑等组成宁静迷人的旅游景观综合体，是吸引游客的资源基础。同时草原上还产出特有的野生药材、野生食用植物及特有风味农作物等（张翠丽，2007）。

我国青藏草原地区，平均气温较低，特别是夏季，草原几乎可以成为难得的避暑胜地，凉爽宜人的气候是吸引游客来草原旅游的主要原因。同时草原对于长期生活在城市、海边、农业区的人们来说，也具有一定的神秘性和好奇感。草原的花品种多样，绚丽多彩，而且花期长；草原上的动物丰富，且容易被观察到，如青藏草原上的野驴、黄羊、岩羊、藏羚羊、野牦牛、野狼等（张翠丽，2007）。

2. 人文旅游资源

青藏草原区域也是文化旅游资源的"富矿区",如青海草原区就有如下具有代表性的文化旅游资源:古代历史文化、宗教文化、民俗文化、河湟文化、饮食文化、挑战极限户外旅游文化等(张源,2011)。

我国青藏草原区,基本上是我国少数民族的聚居区;生活在草原的游牧民族,在漫长的岁月长河中,不断与居住地区的自然环境相适应,创造发展了与农业文化、工业文化并列的牧业文化,也称为草原文化。草原文化是动态文化,具有开发性、包容性和力量性,在服饰、饮食、住宿、行走等方面形成特有的民俗文化,这对旅游者来说具有巨大的吸引力。草原文化展示了丰富的民族风情、悠久的历史、多姿多彩的文学艺术、纯朴的人与自然的和谐统一(张翠丽,2007)。

青藏草原区大部分的自然人文景观都与藏传佛教有关。藏传佛教文化具有神秘性、历史久远性和超自然性。遍布全区的神山、圣湖、寺庙和佛塔;引人注目的虔诚朝圣者以及丰富多彩的宗教节庆活动,使藏传佛教文化完全融入藏区旅游的方方面面之中。区域的大部分风俗习惯都深深地打上了藏传佛教的烙印(戾冬,2007)。

青藏草原区域上民俗节日众多,如藏历年、摆花节、雪顿节、工布节、望果节、各个宗教寺院的法会、酥油花节等;民族特色风味食品独特,如藏菜、酥油茶、青稞酒、酸奶、糌粑、蕨麻饭、风干牛肉等;民族手工艺品丰富,如藏毯、唐卡、金银器皿、玉雕、木碗等(胡书银,1996)。在不同区域,又有不同的节庆活动,如在甘南草原,有如"插箭"、"娘乃节"、"香浪节"、"朝水节"、"灯棚会"等(安·伦布嘉措,2005)。青藏草原区的环境具有空气纯净、阳光灿烂、天空蔚蓝、大地宽广的特征。藏传佛教极大地丰富了藏民族的文学、音乐、舞蹈、建筑、服饰、缝裁艺术。青藏草原区民族文化丰富灿烂,以绘画形式表现的是寺院壁画、巨幅唐卡、卷轴唐卡、装饰绘画;以音乐、舞蹈形式表现的是寺院神舞、诵经音乐、吹奏音乐、民间喇嘛玛尼说唱艺术、民间"股如"音调；以雕塑形式表现的是用不同材质金属、泥巴、木料制作的佛像，寺院楼顶、墙体金属浮雕装饰；以建筑形式表现的是寺院、佛塔；以缝裁艺术表现的是巨大的唐卡、寺院诵经大堂、会客大堂天花板和梁柱上的布质缝裁装饰（次多，2009）。

青藏草原区域可资开发利用的旅游商品有：唐卡、藏包、藏式地毯、角雕、藏刀、藏族发饰、藏羊犄角头骨、牦牛角头骨；宗教法器、佛珠、佛像、民族服饰、藏戏面具；藏羚羊模型、藏獒模型、牦牛模型玩具；藏药、风味食品等（贡保南杰，2003）。

3. 旅游资源总体特征

我国青藏草原区是迄今全球大气污染最少的地区之一。其旅游资源特色主要表现为体现于自然层面的高原地域特点和体现于人文层面的藏传佛教文化特点（杨多才旦，2002）。青藏草原地区的旅游资源具有过渡性、多样性、典型性特征（向宝惠，2009）。青藏草原区具有雪域高原之称，雪域既是一个地域概念，又是一个民族概念，其给人的联想是雪山连绵的青藏高原、洁白的哈达、风情奇特的藏族人民、草原、白云、羊群等（马广德，2003）。

草原旅游资源包括草原景观（包括观赏植物）、野生动物、气候与气象景观、独特地形地貌、草原上附载的民俗风情、草原岩画等历史遗存资源（刘敏，2007）。总体上看，我国青藏草原区的旅游资源丰富，其中，青海湖、可可西里自然保护区、纳木错湖、布达拉宫等9处已成为世界级的旅游胜地。藏传佛教圣地塔尔寺、玉珠峰、拉萨古城、八廓街等23处属国家级自然保护区和名胜古迹。我国青藏草原区域自然风光和人文景观在世界上的独特性和唯一性，已为世界所瞩目（钟向忠，2007）。

青藏草原区域的旅游资源具有宽泛性与多样性。宽泛性和多样性表现为：一是地域广；二是类型数量多，既有昆仑山、唐古拉山、巴颜喀拉山、阿尼玛卿山等名山，又有黄河、长江、澜沧江等大江；三是文化内涵丰富既有宗教性、民族性又有历史性（和东红，2010）。

2.1.3 旅游业状况

1. 旅游业发展状况

草原是世界上最大的生态系统。我国是一个草原大国，拥有天然草原近4亿公顷，占国土总面积的41.7%，是农田面积的3倍多，比现有森林和农田面积的总和还大。受降雨的影响，我国的草地类型从东向西依次为草甸草原、典型草原、荒漠草原和高寒草原，其中相当一部分草原位于青藏区域。伴随着生态旅游的持续升温与快速发展，草原将会成为中国生态旅游的主体。草原生态旅游业已成为少数民族牧区增长最快的产业或支柱性产业。草原生态旅游业的生命力和吸引力在于青山绿水、雪山草地，独特的草原文化和浓郁的民族风情（才让三智，2012；张翠丽，2007）。近年来，草原旅游蓬勃发展，草原观光、草原文化体验等各具特色的草原旅游持续升温，呈现良好的发展态势（向宝惠，2009）。

由于地理位置和自然环境的原因，青藏草原区域旅游业总体水平较低，经济效益差；区域旅游发展不平衡，前往青藏高原旅游的主要集中在特定范围，例如来青海旅游者主要集中在以西宁为中心的方圆5千米的"夏都旅游圈"进行旅游消费，而旅游资源丰富的柴达木旅游区、青南旅游区则很难吸引游客。西藏地区主要集中在拉萨市区周围分布的宗教寺庙等。区域发展的不平衡必然导致旅游资源的开发利用不合理，有些地方旅游资源开发过度，而有些地方旅游资源尚未开发，最终无法实现青藏高原的旅游可持续发展（石晶，2007）。青藏草原区的旅游产品开发具有如下现状特征：旅游产品结构单一，开发层次低；草原生态旅游环境已凸现不少问题；管理体制不顺，开发水平偏低（向宝惠，

2009)。青藏草原区已开发的旅游形式主要有三类：一是观光旅游，包括自然景观、人文古迹、宗教文化、民族风情观光等；二是体育旅游，包括登山探险、漂流滑雪、骑马划船等；三是专业性旅游，包括组织科学考察和举行各种学术会议等（阿努，2008）。

青藏草原区域的旅游业状况可以概括为："一流资源、二流知名度、三流开发、四流交通、五流经营、六流服务"，旅游业呈现出：量增利薄、供给不足、管理滞后等特征。以青海省为例，其游客人数和旅游收入以年均20%左右的速度增长，使昔日世人感到遥不可及的地方已不再陌生。但与此相反，在游客与收入增加的同时，游客的人均消费水平与在青停留时间却在下降，旅游业利润增长缓慢，甚至略有下降。旅游旺季铁路、民航运力严重不足，景区基础设施和配套服务难以满足旅客需求的问题越发突出。管理滞后导致效率低下、资源浪费等诸多问题，投资额分散，低水平重复建设屡禁不止，旅游企业本土化经营与科学管理有机结合程度不高，市场秩序有待加强管理，社会投资环境仍需进行改善与整治（马生林，2010）。

2. 旅游业基本特点

草原旅游发展的特殊性在于：资源的广布性和相对集中性，脆弱程度较高，季节性高度集中，草原旅游开发的政府行为和企业行为突出，景观独特，吸引力强以及具有纯天然健康形象，景观相对单调，当地经济水平较低（刘敏，2007）。草原旅游既是发挥草原景观资源美学价值从而产生经济效益的一项开发性活动，也是多途径、多方式地开发利用草原的新兴产业。草原旅游不仅是能够满足人们休息、娱乐、审美、求知、探险等需求的自然景观和人文景观，对调查、考察等科学研究也具有重要意义。根据青藏草原旅游资源特色及市场状况，可以开发以下产品类型：草原观光、休闲度假旅游、生态旅游、科考会议旅游、民俗风情旅游、体育旅游、探险旅游、疗养保健旅游（张翠丽，2007）。青藏草原区旅游发展的制约因素有：区域经济发展水平较低、远离主要客源市场、生态环境较为脆弱、海拔与气候条件限制较大等（向宝惠，2009）。

青藏区域草原旅游对畜牧业、第三产业与基础设施的经济带动作用明显，促进了许多历史古迹、特色建筑和纪念物的修复与再建，起到脱贫致富的驱动效应，带来明显的旅游扶贫效应，促进了当地产业结构优化（刘敏，2007）。

在青藏草原区域旅游中，青年市场最为活跃，背包自助旅行者较多；其中男性游客出游率高，占到游客总数的60%，而女性游客出游明显偏低；老年游客中男女比例基本持平。国际游客中从事商务、文化、科考和探险者居多，几乎占到近70%。旅游者出游时间主要在每年5~10月，其中7~8月较为集中，游客接待量占全年的60%左右（金仁重，2008）。

2.2 旅游业的生态影响

2.2.1 旅游业对生态的负面影响

我国的青藏草原区域是几大水系的发源地，自然环境极其脆弱，原始生态环境极易受到破坏。由于高寒缺氧、无霜期短、土层瘠薄，林草等植被一旦遭到破坏就会难以恢复。如果这里的环境被破坏，对中国及周边国家的环境影响将是巨大的（钟向忠，2007）。由于自然和人文原因，青藏草原区域正面临如下环境问题：自然地带发生明显变动，雪线上升、冰川退缩；江河流径流量明显减少；是湖泊面积缩小；土地沙漠化、盐化、钙化严重；草地面积锐减，植被越来越少；植被破坏严重；野生动植物资源明显减少；地下水位明显下降。旅游业是青藏草原生态环境变迁的助推力量之一，每天进藏游客所产生的生活垃圾逾4吨，一些景区点存在先建设后规划或无规划的现象，一些景区点的人工化、城市化倾向过于严重，这些均为青藏草原带来了严重的环境问题（钟向忠，2007）。旅游业对青藏草原生态的消极影响主要集中在草原植被、旅游地土壤、草原动物、草原水质和固体废弃物的环境污染、影响生态工程建设方面（刘敏，2007）。另外，旅游道路的建设势必会沿线自然及人文景观产生负面影响（薛明，2001）。

在旅游开发中，为了使自己能获得更多的效益，各级政府、各地居民都纷纷把一些未规划的景点先上马，吸引各方来客，这就势必出现先建设后规划或无规划建设的现象，蔓延下去将对旅游资源造成严重的浪费和破坏，有的甚至是毁灭性的、不可再恢复的破坏。有的风景区正蜕变为吃喝玩乐的游乐场所，自然生态系统遭到空前破坏。大量游人的涌入，使亘古冰川遭到破坏，部分冰川开始融化，高山植被和野生花卉被游客践踏，野生动物的数量急剧减少。我国青藏草原区具有世界独一无二的生物资源和地理气候条件，是世界珍稀野生动物、植物生存繁衍栖息地和生物物种多样的起源地和天然领地，但是，当大量游客涌入后，这里就不再是一块净土，存在猎采野生动物、外来物种入侵等生态威胁。大量游客进藏，他们有意或无意地会带进一些具有生命力的动植物。这些动植物一旦进入青藏高原，在适宜的条件下就会自我繁衍。外来物种入侵成功，给生态平衡造成的破坏，往往是不可逆转的，将给当地的动植物造成毁灭性的打击（钟向忠，2007）。

部分青藏草原区域，如三江源等在中国水资源安全、生态安全等方面发挥着非常重要的作用，虽然生态系统脆弱，但生物多样性特别突出。近年来随着旅游、过度放牧、胡乱采挖等人类活动的频繁，三江源草原区的生态环境正在恶化（Fang Chuanglin，2006）。

旅游业对青藏草原区人文生态的影响。旅游业在发展过程中，往往将民族文化作为旅游目的地独有的文化资源而在旅游活动中得到展现，同时又为了适应旅游市场的需求而随潮流发生改变。外来游客的涌入，一方面使得当地居民用自己民族的文化或风俗去适应和取悦游客；另一方面则打乱了他们原生态的生活方式，他们或是简单地模仿外来人的行为方式，以期消除主客之间的差异，或是采取完全的抵触，引起主客冲突。而一些开发商只注意到自己的经济利益，在旅游开发问题上因处理不当，便会更多地引起当地居民对游客的敌对情绪，造成了当地社会的不稳定（高珊珊，2010）。

2.2.2 旅游业对生态的正面影响

生态旅游的开展的正面生态效应表现为：第一，为野生动植物及生态保护提供资金，有助于生物多样性的保护；第二，增加目的地社区居民的收入，减少超载放牧、毁林开荒、偷伐林木现象；第三，通过生态环境保护知识教育和生态伦理道德观念的灌输与熏陶，有利于提高人们的生态保护意识，从而更自觉地节约资源、保护环境（彭新沙，2010）。在旅游开发过程中，要构建一个和谐、积极的旅游生态环境，才会使得旅游发展对当地生态环境起到正面的影响（熊礼明，2009）。

有学者认为，青藏草原区的生态旅游是有目的地前往青藏草原区了解环境的文化和自然历史，它不会破坏自然，而且它会使当地社区从保护自然资源中得到经济收益（才让三智，2012）。旅游对青藏草原区域生态的积极影响主要在于旅游提高了对自然资源的保护利用意识，也为其保护和建设提供了经济保证，减少资源的消耗性利用，提高草原资源的整体开发和综合利用效率等（刘敏，2007）。

粗放畜牧业的迅猛发展是草原生态系统急剧恶化的根本原因。发展草原旅游业，"牧（业）退旅（游）进"，可以让草原休养生息自我恢复。针对不同草场的权属关系和生态情况，结合草原旅游经济发展的特点和需要，通过让渡、合作、补偿、示范、引导等方式，减缓草原生态恶化势头（周兴维，2010）。

草原旅游不仅可以提高人们的草原环保意识，还可以为当地赚取更多的收入，进而通过各种方式和手段保护草原生态环境，最终实现"产业与环境互利"的可持续发展目标（张翠丽，2007）。旅游生态经济系统是部分青藏草原区如三江源地区等最具发展潜力的产业，旅游资源的开发利用不仅可以促进地区的旅游经济发展，还可以使脆弱的生态经济系统得到保护。通过生态旅游的发展促进地区经济的发展以及地区产业结构的调整，形成保护—开发—保护的优良供给环，带动地区经济社会的全面发展（陈晓雪，2004）。

2.3 旅游业可持续发展中存在的问题

1. 基础设施建设投入不足

在青藏草原区域，因为经济基础薄弱，发展速度缓慢，旅游业的开发还存在不少困难。交通、通信、接待等基础设施的建设，成为制约旅游业发展的"瓶颈"；一些发展势头正旺的景区，因为资金短缺造成开发滞后（杨健吾，2005）。青藏草原区大多位于青藏高原腹地，远离中心城市，地势开阔，人口稀少，经济方式以畜牧业为主，经济增长速度缓慢，属经济欠发达地区。地方财政在基础设施建设上投入有限，道路、卫生、水电、通信等基础设施建设相当落后，虽然在州县两级政府所在地等人口较为稠密的地区拥有相对便捷的基础设施，但尚未形成完整的内部交通和通信网络，无法满足游客的交通、通信等基本需要，成为制约三江源地区生态旅游发展的瓶颈（李永翎，2007）。

2. 生态环境质量受到威胁

许多研究者、政府及非政府组织认为，发展旅游可以解决旅游环境影响问题。然而，不慎重的旅游开发方式对环境造成破坏的例子比比皆是。旅游管理部门的整体环境意识水平不高。受典型的"经济利益驱动心理"的影响，旅游管理部门认识到草原旅游发展中的环境污染与生态破坏状态比较严重,但对草原旅游发展的生态环境保护作用信心不足,而且在主观上不愿意承认游客骑马活动对草原生态环境构成的威胁。从环境行为来看,旅游管理部门对旅游发展持有偏袒的心理,对旅游景区污染在一定程度上具有纵容倾向(刘丽梅,2008)。草原旅游区社区居民虽然认识到发展草原旅游对环境存在威胁,但重视程度远远不够。尽管人们深知生态环境保护的重要性,但是,现实生活迫使他们不得不考虑维持生计的经济收入,所以,社区居民的环境意识也带有"经济利益驱动"的色彩(吕君,2008)。随着游客逐渐增加而产生的环境污染等问题,成为进一步开发资源亟待解决的大事(杨健吾,2005)。

3. 传统民俗文化受到冲击

负载现代文明意识和出发地文化烙印的旅游者在与旅游地青藏草原区当地居民的交往过程中,会不同程度地出现文化冲突和文化交融的现象,从而导致低势能的旅游地传统文化的改善和变迁,如果缺乏必要的文化保护措施和合理的引导,相互冲突和交融的程度衡又较为激烈,则有可能导致当地经济结构的崩溃和传统文化的解体。不合理的开发模式有可能使宗教场所非神圣化,使宗教仪式变质,使圣物受到亵渎,使宗教的排他性降低,严格的宗教意义出现松懈(李永翎,2007)。草原旅游城镇建设存在汉地化现象,抛弃本民族的建筑风格,民族文化的保护潜藏着大量的危机。瓷砖墙、卷帘门、蓝玻璃等与草原环境极不协调(杨振之,2002)。

4. 旅游商品开发缺乏特色

旅游商品市场发育不充分,旅游商品的开发还没有形成集研发、制造、销售为一体的格局,旅游商品不能充分体现青藏草原区的民族特点和文化特点(鄂崇荣,2011)。青藏草原区域旅游商品没有形成规模化产业,旅游商品种类贫乏、数量少、档次低,难以刺激游客的购买欲望。许多独具特色的旅游商品并未得到全社会的充分重视。对许多极具地方特色和民俗风情的艺术品宣传力度不够。对虫草、羊肉、奶制品、干鲜水果、青稞等高原特色农牧产品和民族服饰品开发力度不够，没有形成品牌。从事旅游商品生产的企业处于创业初期，贷款难、担保难，亟须培育支持的困境，致使本地丰富的特色资源不能有效开发，形不成可观的经济效益（宫秀萍，2009）。

现有的旅游商品没有新意和特色，品种甚少、款式陈旧、科技含量低、做工粗糙、包装简陋；旅游商品的价格定位和旅游者的心理价位有较大差距；许多生产和经营条件低劣的集体和个体进入旅游商品的生产和销售行列，大量个体摊贩涌入旅游商品销售市场，给市场管理带来了诸多不便（贡保南杰，2003）。

5. 旅游业季节性比较明显

在青藏草原区域，高寒的生存环境，造成旅游旺季短促、淡季漫长的不利条件，适宜旅游的最佳时间不足四个月（李永翎，2007）。旅游季节性很强，接待能力彼时不足此时闲置的现实，使投资商在成本——收益的预期上多了层顾虑（周兴维，2010）。

旅游旺季时间短，旅游淡季时间长，造成对旅游资源利用的不均衡。季节性限制也阻碍了旅游基础设施的更新。每逢旅游淡季，宾馆只能打出降价的招牌。宾馆业是一个特殊的服务行业，即便只有一位旅客入住，也要提供全套的服务，如集体供暖、24小时供应热水等，成本相应增大。对于青藏草原区宾馆业来说，旅游淡季只要经营就意味着赔钱。由于青藏草原区旅游淡季长，拉长了宾馆资金回笼的周期，从而导致宾馆更新的速度减慢，阻碍了青藏草原区宾馆业整体水平的发展。冬季的寒冷气候也容易造成对旅游基础设施的损害，很多景区景点的环卫厕所。经过严冷的冬季后，水管都冻裂了，地板砖也冻烂了。气候对旅游发展的限制是致命的（鄂崇荣，2011）。

6. 旅游人力资源相对滞后

在青藏草原区域，旅游人才严重缺乏。首先，是专业管理人员匮乏，高层次决策人才的严重缺乏给旅游业带来的直接后果是，在开发和管理中缺乏全局观念，不能充分把握旅游开发的内涵，也不能从宏观角度把握旅游景区的特色和发展方向，表现为旅游开发层次低而简单重复，景区开发缺乏个性和文化底蕴，经营管理不到位。其次，导游素质不高，对民族文化及景区知识的理解和把握不准确，使得民族文化产品的文化品位和内涵没有获得正确、充分的展示。再次，旅游服务人员整体素质较低。最后，民族旅游特色人才后继乏人（鄂崇荣，2011）。旅游从业人员的素质不能适应产业发展的需要，直接影响了行业队伍的建设和服务质量的提高（杨健吾，2005）。

7. 旅游业社区参与不充分

青海三江源自然保护区旅游发展已被定位为生态旅游，社区参与作为生态旅游的重要特征不仅可提高当地社区居民生活水平且可保持生态旅游的可持续发展。三江源社区居民资金缺乏，地域游客数量相对少，是制约社区广泛参与旅游的重要因素（黄芸玛，2011）。

8. 自然社会条件存在局限

青藏草原区域在高寒干旱的环境中，生态系统的结构和功能较为简单，受到外界干扰时，因自身的调节机制不够健全，恢复功能较弱，是典型的自然生态脆弱区（李永翎，2007）。高原独特的天气和气候也是影响旅游者舒适度的重要因素，对旅游者的身体造成诸多不适，容易引发各种高原常见病症（李永翎，2007）。许多客源地或旅游者对青藏草原区域旅游产品的认识模糊不清甚至不了解，最终造成客源市场狭窄，竞争激烈（石晶，2007）。

由于区域财力较弱，政府拿不出更多的资金用于旅游开发，致使许多旅游项目大都由民营企业或个体经营者承建。而这些民营企业经济实力不强，担保能力不足，无法从银行获得所需的资金支持。此外，旅游项目的招商力度不够，致使很多旅游项目不能开发，已开发的迟迟建不成,大量旅游资源闲置,严重影响了青藏草原区域旅游业的发展(宫秀萍,2009)。另外,在区域社会内部偷牛盗马、草场争执时有发生,影响了社会稳定。公共卫生状况差强人意,尤其洁净饮水和如厕卫生及粪便无害化处理、垃圾和生活污水的处理问题极为突出(周兴维,2010)。在旅游管理方面也存在一定混乱,如青海三江源草原包括玉树、果洛、海南、黄南藏族自治州和海西蒙古族藏族自治州的17个县,面积大、多头管理也为生态旅游产品的开发与管理造成一定困难(李永翎,2007)。

青藏草原旅游区域资源具有失衡性与不协调性,如环青海湖民族体育旅游圈、青藏铁路旅游带,交通相对方便、各种服务设施日趋完善、星级宾馆多,而青南等一些地方旅游资源离散和基础设施建设滞后,如黄南与全省、果洛、玉树与四川九寨沟大旅游圈连接的出境公路建设滞后(和东红,2010)。

9. 旅游业市场竞争力不强

青藏区域草原旅游发展存在如下制约因素:旅游开发的深度和广度不够;旅游产品文化含量少,民族特色不突出;旅游产业化不足,企业规模小,经营方式粗放;接待型旅游还在一定程度上存在;旅游市场营销手段较少,旅游季节性影响相对较大;缺少地区整体形象和旅游产品品牌效应等(吕君,2005)。

在青藏草原区域,生态观光和一般性的民俗体验构成主要旅游产品形式,忽视了参与性、休闲性、趣味性旅游产品的开发(鄂崇荣,2011)。旅游产品无法形成一定的规模,旅游行业发展不规范,旅游产品出现低成本竞争等对旅游业的总体发展水平产生阻碍作用。在开发中,只要认为资源具有旅游价值,就对其进行开发,忽略对旅游产品的科学性规划,造成旅游产品的项目单一,内容贫乏,特色极为不明显。在对少数民族文化资源的开发中,只重视其带来的经济效益,简单的安排一些歌舞表演等形式来迎合旅游者的消费心理,无法给游客留下深刻的印象，反而使经济效益下降。由于旅游产品从形式到内容过于统一化，相关的链生产品甚至会出现雷同现象，缺乏个性，竞争力相对较弱，无法体现本地区的特色（石晶，2007）。

在民俗旅游产品的构成上，过度偏重以设施和餐饮为特征的外壳类项目的投资建设，忽视了以文化和风俗为核心的、动态的民俗旅游产品的开发；在已开发的民俗旅游产品中，呈现在游客面前的仅仅是一些内容雷同、缺乏个性和特色的程式化的产品和项目，并没有把丰富多彩的藏族风情和完整的草原文化通过正确、生动、灵活的方式传递给游客（安刚强，2005）。

2.4 旅游业发展策略

1. 生态环境的保护策略

第一，生态伦理建设。在旅游业发展中应坚持本代人的公平即代内平等；代际间的公平即世代平等（阿努，2008）。应该处理好两种关系：一是决策者及执行者与旅游区生态环境的关系；二是旅游消费者与旅游区生态环境的关系。加强旅游业开发中的环境伦理建设，改变人们的生产和生活方式，实行清洁生产，节约能源和进行合理消费（卫芳菊，2004）。在青藏草原旅游开发过程中，应该是从根本上改变游客、当地居民、旅游从业者和旅游管理部门传统的思维方式和价值观，在此基础上形成共同认可、自觉遵守的生态伦理规范。应增强旅游管理部门环境保护的历史责任感和危机感，提高其环境保护的政策法规水平和科学决策能力（刘丽梅，2008）。

第二，环保宣传教育。在青藏草原区生态旅游发展中，要通过设立标牌和广告牌，增强游客保护环境的积极性、自觉性和主动性，杜绝乱采、乱扔、乱涂、随地大小便等不文明的行为；加强对旅游经营单位或个人的宣传教育，让他们了解环境污染及其破坏的严重后果，增强责任感、紧迫感；帮助当地居民树立法制观念和保护环境的道德观念，养成自觉保护环境的行为，形成全社会保护环境的风尚（陈晓雪，2004）。在旅游开发中，不能忽视了当地人在旅游环境保护中的作用，要利用非政府机构组织帮助和教育社区居民，以便使社区居民对草原生态环境保护做出有意义的贡献，宣传国家有关环境保护的政策法令，使当地居民具有初步的环境法律法规知识（吕君，2008）。为保护生态环境，保护原生态立法要及时跟进，政府部门要把引导和监管放在工作首位，与此同时，守法的宣传更为重要，遵守法律、保护高原生态环境是每一位旅游者的神圣义务与责任。按照《环境保护法》《水土保持法》《野生动物保护法》等法规，以及《全国生态环境建设规划》和《全国生态环境保护纲要》的要求，坚持"预防为主、保护优先、开发与保护并重"的原则，在旅游景点建设、运营之前，就必须高态势地进行法律意识的宣传，培养高素质的文明游客（钟向忠，2007）。

第三，生态旅游模式。青藏草原区的绝大多数景区生态环境十分脆弱，对外界各种干扰的抵抗力较差。因此，对于其旅游资源的开发，应按照"限游模式"进行，尽量避免短期行为（邓燕云，2007）。青藏草原区旅游业发展问题是一个极端环境和特殊社会背景地区可持续发展的问题，因资源环境和社会经济的特殊性，必须高度重视经济发展与社会、资源、环境的协调，必须通过构筑特色经济体系来确保经济发展的持续性与效果（李春花，2004）。遵循"保护为主，适度开发"的指导思想，以生态学的观点进行旅游开发，适当规划旅游项目；对特殊景观可在该地带内开展绕状旅游，科学合理地控制旅客规模，以确保旅游地带生态平衡，以达到人与自然的和谐共处；完善生态旅游的管理机制，加大对乱建、乱捕滥采、乱挖滥采等和妨碍野生动物生息繁衍活动的非法行为进行严厉打击（陈晓雪，2004）。

充分发挥政府、企业、民间组织和社会公众等方面对草原生态旅游业消费需求及信息反馈的灵活性与积极性，积极调动企业、民间组织和社会公众参与少数民族牧区草原生态旅游业可持续发展。在草原生态旅游资源的项目开发与管理上应当采取政府管理为主，企业参与和商业化运作为辅，从而吸引牧民广泛参与的原则（才让三智，2012）。在开发旅游景点的过程中，要避免过分夸大人的主观能动性。不应随意改变自然景观，更不要为取悦游人而设置人为景观或修建破坏环境的索道之类的交通设施。要在一些重要的部位设置禁游区，如：①水的源头。其中，巴颜喀拉山是黄河和长江的源头，可可西里地区东部属长江源头两大支流沱沱河和楚玛尔河源区等；②珍稀动物的集中地；③珍稀濒危植物较多的地方（钟向忠，2007）。

应实现旅游产业生态化，草原旅游产业生态化过程可以分解为旅游生态消费观念、草原生态旅游地、旅游生态产业群三个方面的互动，而不是简单的生态旅游的消费过程，也不是旅游产业对旅游地的简单的经济开发过程。生态消费观念是整个旅游产业生态系统的核心，指导草原生态旅游地的选择和生态产业群的建设；生态产业群作为整个系统的心脏，是生态运作的起搏器；草原生态旅游地作为产业生态化过程的载体，一方面具有承载作用，另一方面起到生态反馈及协调作用。草原旅游开发，可能会打破原有的生态系统的平衡和安全，但只要旧的生态平衡破坏后所建立的新的生态平衡既能保持草原生态系统的顺利运行，保障生态安全，又能促进草原生态系统的旅游发展，那么它就是积极的生态平衡。草原生态系统在科学合理地规划、开发、利用和管理的前提下，能够不断建立起新的积极的生态平衡并得到进化，走向一个良性循环。但是如果在整个过程中进行了破坏性开发和利用，那么这种生态平衡的破坏便是不可逆的，将导致整个生态系统的逐渐崩溃。这就要求必须按照草原旅游生态系统的各因素在系统整体运动中的功能和作用，去规划、安排草原旅游的开发、建设和旅游活动。在此过程中决定应该增加或减少哪些因素，对引起的变化采取什么样的措施以及确定各自输入输出量的大小，从而实现草原旅游发展的良性循环。在进行草原旅游开发时，要掌握草原生态系统及其结构组成，注意维持草原的生态平衡，要从草原生态——产业系统整体功能的发挥以及环境、经济、社会效益统一的要求出发，创造出可持续发展的经营模式（吕君，2005）。

第四，环境保育恢复。青藏草原区域的旅游开发应采取一系列环境保护措施：实施划区轮牧，严格控制利用强度；严格控制载畜量，实施适当退牧还草；网围育草，加强牧草治理；加强人工种草，实施草地育肥；加强生态恢复与建设，治理土壤侵蚀，恢复与重建水源涵养区森林、草原、湿地等生态系统，提高草原生态系统的水源涵养功能；加强草原保护管理与鼠害生物治理；加大宣传教育，积极引导社区牧民参与到草原生态旅游资源保护与利用之中。建立草原旅游的监测评估系统，将传统监测手段与现代遥感技术相结合，利用该体系对草地旅游生态环境各主要因素、草地植被状况、旅游客源状况、游客心理预期等进行监测，并及时发现问题，为管理者决策提供更可靠更全面的信息（向宝惠，2009）。

2. 旅游竞争力提升策略

学者们认为青藏草原区域生态旅游开发需要科学的生态旅游发展规划、建设具有专业知识的旅游从业人员队伍，培养生态导游，提高服务质量，加大营销力度，实现生态旅游开发市场化，以及突出地域特色与文化内涵，增强参与性等（刘敏，2007）。关于青藏草原区旅游业竞争力提升的具体策略如下。

第一，培育旅游产品特色。在青藏草原区旅游开发过程中，突出该区域回归大自然的自然美、原始美、粗犷美，即突出旅游资源的本来面目，"以野取胜"，使其具有强大的竞争力，雪山草原、荒漠戈壁、宗教寺院、民风民俗等，这些都是未经人为加工和变味的修饰的"原汁原味"的旅游产品，这是当代旅游者所追求的时尚旅游韵味（张源，2011）。在青藏草原旅游开发中，将自然风光与民族文化、服饰文化、宗教文化、饮食文化、建筑文化，民族民俗风情相结合，形成旅游文化优势（魏贤玲，2007）。

在饮食方面，利用原有材料结合现代技术和工艺，开发卫生标准高，色、香、味、形俱佳的新型民族饮食，不仅使食品具有鲜明的特色，而且可满足不同口味游客的饮食需要，使游客吃得新奇，吃得满意。在住宿方面，要深入挖掘民族传统建筑艺术，通过对民族传统建筑艺术及风格的研究，一方面可展示民族精湛实用的建筑艺术，另一方面可在宾馆饭店的建设上，从材料的选用、外形设计、内部装饰或融合或自成体系的借鉴民族建筑艺术风格，强化特色。在行的方面，为了体现民族特色和保护脆弱的自然环境，可采取骑牛、骑马或乘经民族化装饰的牛车、马车。在购物方面，要深入挖掘民族传统生产、生活等方面的器具用品，利用当地较丰富的传统原材料，加工制作纪念品和生产、生活用品。在娱乐方面，要避免单调的民族歌舞，可开发民风民俗方面的内容，让游人参与（如骑马射箭、打酥油等）。也可开展民族服饰、生产生活用品展览等（吕启祥，2002）。

第二，克服旅游淡季难题。冬季旅游资源闲置浪费，应加大开发力度。旅游主管部门和旅游企业应广开思路，借鉴其他地区之经验，坚持政府主导、企业经营的原则，突出生态特色、民族特色和文化特色，精心规划旅游线路和打造"雪峰之旅"品牌，千方百计在冬季旅游业中有实质性突破。以节庆活动和价格促销来推动冬季旅游业的发展。利用冬季农闲之时藏族、土族等少数民族举行的富有民族情趣的节庆活动，把"青海湖冰雕节"、"祁连山滑雪节"等贯穿起来，旅游、交通、民航等部门联手促销，对冬季旅游的团队在酒店、机票、门票等方面给予优惠（马生林，2010）。

第三，差异化的市场营销。采取差异性旅游开发策略，青藏高原的旅游资源总体呈现出的相似之处是以高原风光、民族风情以及宗教文化为代表。然而，不同的地域又有着各自不同的旅游属性。因此，应当根据青藏草原区域内部不同区域间存在的旅游资源进行差异性营销，例如对已经成熟的"夏都旅游区"要积极的挖掘深层次的地方及民族文化内涵，发挥主力军作用；对于游客较陌生的旅游景点，要采取找准目标市场，并有针对性地进行旅游营销活动，加深客源市场对旅游地的印象；对缺乏市场竞争力的旅游资源和旅游线路，应采取寻找新的旅游目标，重新整合旅游市场的原则，适度建立新的景观或旅游资源，进而形成青藏区域旅游业可持续发展的新局面（石晶，2007）。

第四，实施绿色营销策略。青藏草原区的旅游开发应实行绿色营销策略。传统营销只关注满足顾客需要和满足企业盈利目的，绿色营销是以自然生态和人文生态的保护作为经营哲学思想，以绿色文化为价值观念，以绿色消费为中心和出发点，努力开展绿色经营，注重经营活动与自然环境和社会环境的关系，谋求社会的可持续发展（颜军，2009）。

第五，积极应对高原反应。由于地处高原，时有游客产生高原反应及其并发症，所以必须将应对高原反应及其并发症的救治一并考虑。除了必要的预防知识宣传和基本药品准备，过硬的救治"硬件"亦须未雨绸缪（周兴维，2010）。

第六，增强社区参与能力。为进一步促使牧民实现角色的转化或转变，使其成为发展草原旅游业自觉的行为主体，可以在牧民自愿的基础上，尝试组建旅游合作社，让分散的牧民以自己的组织的形式进行自我管理（周兴维，2010）。

第 3 章

甘南草原区旅游活动分析

甘南草原区常见的旅游活动类型有：游览观光、民俗体验、休闲度假、节庆活动、湿地观鸟、宗教朝圣、调研科考、户外运动、野外宿营、骑马娱乐等。由于甘南草原区域景观的单调性、植被的单一性等，旅游活动的类型也相对较少。甘南草原区域的这些旅游活动可以被概括为四种类型，分别为游憩观光类、文化参与类、休闲度假类、生态专项类。

3.1 游憩观光类旅游活动

3.1.1 游憩观光旅游是当前甘南草原区域的主要旅游业形态

甘南草原区的审美特征主要表现为秀丽壮美、旷远辽阔、自然纯洁、民俗独特等。根据胡焕庸人口曲线，在我国的低海拔非草原区域，居住生活着我国的绝大多数人口。由于甘南草原区的自然景观、生态环境、气候条件、民俗风情、生产方式、文化艺术、物种物产等同低海拔非草原区域存在着截然不同的差异，因此低海拔非草原区的人口对甘南草原区域具有浓厚的兴趣及前来进行旅游观光的强烈愿望。对于进入甘南草原区域的大部分外来游客而言，都是第一次到访，急切需要游览观赏青藏草原区域的自然美景及人文风情，因此现阶段，游览观光旅游仍然是甘南草原区域旅游的主要形态。

3.1.2 游憩观光的主要方式

甘南草原区域游憩观光的主要方式有：乘车游览观光、徒步旅游观光、骑马旅游观光、观景点旅游观光。

1. 乘车旅游观光

甘南草原区域景观类同性强、地域开阔，具有大美的特征，因此具有到处是景的特征。在甘南草原区域可以一边乘车行进，一边观赏车外的自然美景。实际上在甘南草原区域，从一个城镇到另外一个城镇、从一个景点到另一个景点的途中，都可以沿途进行游览观光。但目前这种游览观光方式并没有被有效的开发成为旅游产品，除了正常的交通费用之外，游客并不需要为这种观光支付额外的费用，同时也缺乏对这种游览观光的专业化、针对性服务。

2. 徒步旅游观光

游客可以沿着已铺设好的观光步道旅游，也可以沿着当地牧民的生产生活用道路进行观光旅游。由于当前整个甘南草原区域均处于开放状态，因此游客还可以在没有道路的草原上自由行走观光。部分游客如背包客、户外穿越者等在甘南草原区域徒步旅游观光的时间较长，甚至可以长达数天时间；部分游客如团队游客、过境游客等的游览观光时间则很短，甚至不足半小时。

3. 骑马旅游观光

骑马观光是甘南草原区域一种非常重要的游览观光方式，但这种观光方式一般只局限在一些较为成熟的景区点。大部分游客将骑马体验与观光相结合，骑马观光的时间很短，平均在 40 分钟左右。由于草原平坦开阔、绿草成茵的自然环境，较适合开展骑马观光旅游。大部分牧民家均养马，有条件向游客提供骑马观光旅游服务。

4. 观景点旅游观光

观景点观光是甘南草原区域常见的一种游览观光方式。通常这些观景点已被开发为旅游景点，并采取收门票的方式实现旅游经济效益。在这些观景点，往往能实现很好的观景效果，或俯瞰秀美湿地，或观雪山奇峰，或濒临湖泊花海。由于甘南草原区域的草原已承包到户，所以这些观景点通常会位于私人牧场之内，相应地，牧户也就成了自然的受益者，售卖门票的活动也通常由牧户完成，地方政府收取一定比例的管理费用。

3.1.3 游憩观光发展现状

1. 甘南草原上的观光旅游服务

在甘南草原旅游业经营中，观景点观光旅游及徒步观光旅游是当前主要的两种观光方式，一些旅游区大致设定了观景点及观景线路，并开始收门票，将旅游观光变成了一种经营性服务，如贡赛尔喀木道；另外是骑马观光，乘车旅游观光方式尚未形成经营性旅游产品。乘车旅游观光虽然是一种容易实现的观光方式，但仍然没有引起旅游经营者的重视。笔者于 2012 年 8 月调查了甘南夏河的桑科草原、甘加草原，玛曲的贡赛尔喀木道草原湿地，碌曲的郎木寺，发现游客在草原上静态观光及徒步进行观光者很多，少部分游客会选择骑马，旅游点没有乘车观光服务项目。草原旅游观光目前存在以下问题。

第一，没有固定的观景点，游客的观景位置比较随机。各个草原旅游区上没有形成成熟的观景位置、游客的观景位置由自己随机选择，旅游业经营者没有有意识地培育观景点，同时也没有提供任何观景服务。这种状况的形成与草原景观的自身特征有关，草原上景观雷同性强，局部草原区域无法形成封闭的空间，游客随机活动的范围和余地很大。

第二，没有固定的徒步观光通道，游客自由徒步的余地大。草地上同样没有形成固定的徒步观光道路，没有形成栈道、铺石道等道路；游客经常行走的道路草皮会被踩踏受损，由于有自由活动的余地，然后游客又会在草皮完好的地面上踩出新的道路。另外，缺少标识牌、提示牌、解说牌等设施。游客徒步的范围较小，一般会集中在服务点周围1000米的范围之内。

第三，骑马以娱乐体验性为主，观光性成分较少。牵马者只会牵马在较小的范围内活动，大部分骑马者多以骑乘体验为主，旨在感受骑马的乐趣，而不是为了骑马观光。另外骑马服务旨在局部范围存在，一般存在于旅游业相对成熟，游客量较多的地方，如达久滩的桑科草原，在游客量较少的玛曲草原就没有骑马服务。

2. 甘南草原上的观光旅游需求及体验

笔者与2012年8月在桑科草原随机对200名游客观光体验的形成方式进行了调查，调查结果如表3-1所示。

表3-1　　　　　　　　游客观光体验形成方式调查

观光方式	乘车旅游观光	徒步旅游观光	骑马旅游观光	观景点旅游观光
观光体验源于各种观光方式的比例	57%	13%	4%	26%
对各种观光方式的认知及建议	乘车时间长、沿途景观良好；沿途牧场围栏有碍观瞻	受高原反应的影响，相当一部分游客不愿活动；草原太辽阔、体力很有限	收费较高，商业氛围太重，影响心情	大部分游客喜欢在草地上逗留一段时间，欣赏周围的美景；喜欢以美景为背景拍照片

调查结果显示，游客的大部分观光体验来自乘车途中的旅游观光，其次是观景点旅游观光，再次是徒步旅游观光，最后是骑马旅游观光。

第一，大美草原上乘车游览观光的优势。草原地域辽阔，村镇与村镇之间、景点与景点之间的通行距离长，游客乘车花费的时间多；草原的大美景观具有同质性，即处处皆景；游客乘车沿途可以观看到阴晴雨雾、雪山森林、溪流泉瀑、牛羊飞禽、帐房屋舍、僧侣牧民、佛塔寺庙等自然及人文景观；与观景点小范围观景相比，游客乘车途中能看到更加丰富的景观内容，领略到大美草原的自然及人文风情。因此，游客在甘南草原区域的主要观光体验来自乘车游览观光。

第二，观景点及游道游览观光的局限性。虽然旅游区观景点观光及徒步观光一般选择了最好或较好的风景资源，占据了较好的观景位置，但毕竟游客观景范围较小，观光时间较短，且不能完全领略大美草原的魅力及自然人文风情的丰富多变；同时，观景点及观景线路往往游客较多，破坏了草原粗犷、神秘、原始、寂静的氛围特征，因而会影响到游客的观景体验；另外，部分观景点及观景线路上也氛围较浓厚，也会影响到游客的观景心情。

第三，骑马游览观光需求的实现存在一定难度。草原上的草场现已承包到户，各户的牧场周围普遍围有铁丝围栏，这为游客大范围骑马游览观光带来了一定的难度；骑马成本较高，按照目前的骑乘服务，半小时骑乘的服务价格在30元以上，相当一部分游客虽然有骑马游览观光的愿望，但不想支付太多费用；没有开发出较成熟的骑马游览观光旅游线路，现在普遍将骑马看成一种休闲娱乐方式或交通方式。

3.1.4 游憩观光经营服务特征

1. 游客的主要观光体验与观光旅游服务无关

通过实际调查研究发现，游客的主要观光体验来自乘车过程中观光过程，一些景区点虽然以自然美景为卖点，并向游客收门票，但却不是游览观光体验的主要构成部分；而乘车观光游览也不是旅游经营者主要向游客提供的服务内容。这种现象的存在主要与甘南草原区自身的自然地理及景观特征有关，即草原区域是一个大尺度的观赏游览平台，处处均可进行观光游览；虽然在局部地点也存在精华景观，但由于草原的开阔性，这样的精华景观也可以在不同的角度、不同距离游览观赏。

2. 游览服务不是甘南草原区主要经营内容

虽然大部分游客进入甘南草原区的主要目的是为了游览观赏大美的草原景观及草原上的民俗风情，但在甘南草原上，却缺乏专门针对游览观光所开展的服务。餐饮、住宿、骑马娱乐成了草原上最主要的旅游经营内容，草原以及草原上的民俗风情只是充当了休闲度假的背景。在许多旅游开发区，游客看到的只是经践踏受损，破败景象突出的草地，或满目垃圾的景象，严重影响了游客的游览观赏体验及在甘南草原区旅游的整体满意度。在一些旅游开发区，秀美的草原环境氛围被缺乏特色及生态气息、甚至杂乱无章的建筑物所破坏。

3. 游览观光服务中草地资源管理工作不到位

在甘南草原上也存在一些专门以游览观光服务为主要功能的旅游区，如玛曲的贡赛尔喀木道，在这里，游客唯一的旅游休闲活动及观景，且每位游客需要花40元购买门票。但旅游区内部的草地管理却几乎处于空白，没有专门的徒步观光道路，也没有制定既定的观光线路，游客可以在旅游区内到处行走，甚至随地扔垃圾、采摘野花等。目前虽然年游客接待量在1000人次左右，局部草地已在一定程度上被破坏；将来游客量增加后，如果继续不采取有效的草地资源管理措施，草地资源将会严重受损，该观景点的游览观光价值将加大下降，会影响旅游业的可持续发展。

4. 只注重资源的利用而忽视相关服务的提供

当前当地政府、外来开发商、地方牧民均从事非常简单的旅游经营方式，及在具有游览观赏价值的区点旁设关设卡，然后守株待兔式的向客人收取费用，如碌曲的尕海、玛曲的贡赛尔喀木道均是如此，但却不能提供任何相关服务。连客人买瓶矿泉水、喝杯茶的需求都无法满足。因为不能提供必要的讲解服务，使大美雪山草原或草原湿地的美学内涵、人文精神、科学价值等无法完整顺畅的向客人传递，也影响到了游客在旅游区点的游览观赏效果。

3.2 民俗体验旅游活动

3.2.1 民俗体验类旅游资源

甘南草原区拥有独特的民俗风情，是区域旅游吸引力的主要源泉之一。可资进行旅游开发利用的民俗包括藏族歌舞艺术、高原牧民生活方式、高原牧业生产方式、民族特色餐饮、民族节庆活动、民族休闲活动方式等。

1. 藏族歌舞艺术

藏区有"歌舞的海洋"之称。藏族人民能歌善舞，每逢节假日，不论走到什么地方，都能看到翩翩起舞的藏族同胞。"歌必舞""舞必歌"是藏族人民自娱的一种独特的民间歌舞艺术形式。藏族舞蹈热情奔放，以自娱自乐及群体性参与为主要特征。藏族民间自娱性舞蹈可分为"谐"和"卓"两大类。"谐"主要是流传在藏族民间的集体歌舞形式，其中又分为四种：《果谐》《果卓》（即《锅庄》）《堆谐》和《谐》。锅庄是古代人们围篝火、锅台而舞的圆圈形自娱性歌舞，现在在民间流传比较广泛，游客的可参与性也很强。藏族舞蹈内容丰富、题材广泛、信仰特征突出。藏族寺庙中经常举行"跳神"活动，实际上是一种宗教性舞蹈，每段舞蹈都有一定的宗教内容，在各段舞蹈之间，还穿插喇嘛们表演的摔跤、角斗等，以娱乐观众。藏族歌曲原生态气息浓厚，在国内音乐界的影响力大，其声音高亢嘹亮、音调悠长，音域宽广，节奏自由，有藏语专用的语气助词，比如呀拉索等。

2. 牧民生产生活

甘南草原地区的牧民住牛毛毡帐篷，由于受地域物产及气候的限制，藏族人的服饰多用皮毛制作，女士服饰多嵌挂金银珠宝。黑色牛毛帐篷大多面积宽大质地优良，既防雨防雪，防烟熏火燎，又防寒保暖；但现在许多旅游区及当地居民开始使用用帆布等为材料的帐篷，往往会点缀以色泽艳丽、线条美观的图案。藏族服饰结构肥大，袖口宽畅，穿着自如，白天可脱袖露臂，调节体温，夜间可解带和衣而眠。甘南草原居民逐水草而居，夏天居住于较高出、冬天居住于较低处，每逢季节交替时，牧民要搬家转场。宗教活动是甘南草原区牧民生活的主要内容，包括在寺院内、寺院周围进行朝拜、磕长头朝拜等，许多藏族人闲时手中转动经轮。由于甘南草原区缺少乔木及灌木，当地人普遍用牛粪烧火。献哈达是藏民族最普遍也是最隆重的一种礼节。另外，甘南草原区藏族人还在婚嫁、丧葬、饮食等方面存在许多独特和耐人寻味的民俗习惯。藏族人认为，人们所处的区域是人、神和动物共同居住区，区域中包括人在内的一切生物，在神灵面前都是平等的，在人与其他生物的关系中，既要维持人类自身的生存权利，同时又要与其他生物共同生存，因此，藏族人的生态环保意识比较突出。

牧业生产是藏族的主要生产方式，也是其主要的生活资料。平均每户人家均有数百头牛、数百只羊，骑马放牧、挤牛奶、打酥油茶、剪牛羊毛是藏族人主要的劳作方式。游牧方式是一种较典型的既饲养家畜又保护草原的方式，但由于游牧生产比较辛苦，无法享受教育、医疗及其他现代化便捷生活方式。当前，在国家政策的支持下，牧民正由游牧转为半游牧或定居。牧民在放牧过程中每年获取牛羊毛、牛乳等产品供自己消费，也将牛毛、羊毛及自然死亡的牛羊皮及其乳制品驮到农业区，换取青稞和盐巴等。

3. 民族特色餐饮

藏族人世代生活在雪域高原，面对恶劣的自然环境，长期以来形成了他们独特的、具有藏民族特点的饮食习惯。藏族特色饮食包括糌粑、酸奶、酥油茶、甜茶、奶茶、牦牛肉、青稞酒、风干肉、干酪、羊肉、蕨麻猪、蒸牛舌、炸果子、血肠、人参果饭、奶皮等。藏族饮食全部为绿色无污染食品，大部分食品本身具有抗高原缺氧的特征。糌粑携带方便，又是熟食，在地广人稀、燃料缺乏的牧区是一种物美价廉、方便实用的食品。藏族人聚会饮酒时，歌是必不可少的。向他人敬酒时，敬酒人一般要唱酒歌。藏族酒歌曲调悠扬，优美动听，内容多为祝福，赞美之辞。甘南草原区藏族人在饮食方面也有许多禁忌，一般人只吃牛羊肉，而绝不吃马、驴、骡、狗肉；吃大蒜有较多的禁忌，如果要去转经拜佛朝拜神圣之地则绝对不可食蒜。

藏族特色饮食也是现代人的食疗资源。藏医学认为牛奶能使人的活力增加，使面色红润，皮肤有光泽，增加黏液，可治疗胆汁及气类疾病。特别是藏区的牛奶是一种活力素，它兴奋人的脑力，可消除疲劳，治疗眩晕、中毒、咳嗽、过度口渴、饥饿等。喝酥油茶、甜茶，还可以在一定程度上医疗伤风感冒，气喘咳嗽等疾病。

4. 民族节庆活动

藏族节日多具有浓厚的宗教色彩，并伴以许多娱乐活动。主要节庆活动有藏历新年、望果节、燃灯节、雪顿节、晒佛节、转山会、香浪节、插箭煨桑节、林卡节等。藏族节日繁多，其中最为隆重、最具有全民族意义的要数藏历新年，与汉族农历新年大致相同。望果节是藏族重要的文化现象，祈求风调雨顺、五谷丰登。"望"藏语意思是田地、土地，"果"意为转圈，意为"绕地头转圈"。望果节历时三天，有时还举办传统的赛马、射箭、赛牦牛、骑马拾哈达和歌舞、藏戏比赛；商业部门也组织物资交流，供应民族特需商品和日用百货，收购土特产品。藏历正月15日为酥油花灯节，各寺庙的喇嘛及百姓，用五彩酥油捏塑成各式各样的酥油花，夜幕降临，花灯点燃之后，宛如群星降落。雪顿节，是西藏藏族人民的重要节日之一，每年藏庆七月一日举行，为期四五天。雪顿藏语意思是"酸奶宴"，于是雪顿节便被解释为喝酸奶子的节日，后来逐渐演变成以演藏戏为主，又称"藏戏节"。

5. 民族休闲方式

藏族人的生活节奏悠闲，夏天人们大部分时间在林卡里度过，唱不完的歌，喝不完的酒；冬天人们在太阳照得最暖和的地方，有说不完的话。藏民族酷爱户外生活，夏天会在环境优美的草地上或水边游乐避暑，称为"玩林卡"。人们在帐篷或帐围里，架起炉灶，安置桌椅，铺上卡垫，摆出各种点心、菜肴、饮料，夜以继日地唱歌、跳舞、打藏牌、掷骰子、讲故事、玩游戏、请客欢宴、喝酒狂欢，有时还观看电影、文艺节目和藏戏，进行传统体育、射箭、竞技比赛等。赛马、赛牦牛、拔河、歌舞等是藏族传统的休闲娱乐方式。

朗玛厅、茶馆在甘南草原区休闲中发挥着非常重要的作用。"朗玛"原是指成年女子的歌舞，以前，朗玛作为宫廷乐舞，只供达官贵人和高级僧侣享用；现在"朗玛"已经成为一门藏民族独立的艺术表现形式，其曲式结构完整，旋律优美深情，舞蹈节奏欢快跳跃，气氛非常热烈。在朗玛厅内不仅能欣赏西藏传统歌舞，还能领略到藏族人民的能歌善舞与热情好客。现在许多朗玛厅都会夹杂观众都参与的欢歌劲舞，甚至会客串一些小品表演，具有很强的休闲娱乐效果。另外，藏民族普遍喜爱茶，藏族许多人闲时都会泡茶馆，这已成为许多藏族人一种重要的休闲方式，可以边喝茶边玩牌，也可以边喝茶边听音乐或聊天。"格尔让"是甘南草原区茶馆中的一种传统游戏方式。

3.2.2 民俗体验的主要方式

1. 民俗参观探访

许多游客都以探访参观的方式对当地的民俗进行浅尝辄止的了解。一些游客会利用一些机会拜访藏族牧民的帐篷，观察当地人的服饰、观察当地人的行为举止而了解当地人的生活方式，并同当地人进行简单的交谈，但由于受语言障碍的影响，以及部分当地部分牧民并不愿意外来者干扰他们的生活，所以这种对民俗文化的了解存在一定的局限性。有时候，部分游客会碰巧赶上当地牧民举行活动，如望果节、草原赛马会、请喇嘛做佛事活动等，或碰巧遇见当地牧民的特殊生产或生活环节，如搭帐篷、转场、挤牛奶、朝拜等，则可以对当地的民俗了解得更多、更详细。

2. 驻留生活体验

牧家乐是甘南草原地区非常重要的旅游接待形式，主要以向游客提供当地的特色饮食为特色，部分游客会在牧家乐进行餐饮或住宿消费，品尝藏族特色的风味餐饮、感受藏族人家的住宿环境，并观察了解当地人的生产生活方式；因为有较长的驻留时间，同时游客与当地人发生了生意关系，因此主客之间的交流将会更加深入和充分。但在这种驻留式的生活体验中，游客仍然是外来者的身份，并不能完全融入当地藏族牧民的生活，因而虽然可以了解到一些现象，但并不能了解当地人的精神生活及内心世界，不能了解藏族文化的内涵及合理性，因而也就不能产生发自内心的文化认同。正因为这种文化不认同感的存在，导致藏族民俗接待经营者可以去迎合客人的喜好和需求，这会逐渐导致藏族传统文化的变质和被同化，长此以往，则不利于藏族文化生态的维持和传承。这对甘南草原区域的文化旅游资源而言是一种损失。

3. 节庆活动参与

甘南草原区的节庆活动很多，但由于大部分节庆活动与宗教相关，所以真正进行休闲旅游开发的节庆活动并不多。甘南草原上进行了旅游开发、休闲旅游功能突出的节事活动主要有赛马大会及酥油花灯节。这些节事活动有很好的群众基础，在这些节事活动中，仍然是当地居民占大多数，因而传统文化氛围比较浓厚。但这些节事活动由地方政府或当地宗教寺院组织的较多，民间组织的较少，尚没有真正意义上进行旅游化运作的民俗节庆活动，因而这些节庆活动尚不能产生令人满意的旅游经济效益。

玛曲格萨尔赛马大会由甘南州委、州政府主办，玛曲县委、县政府承办。2012 年参加本次赛马大会的 32 支参赛队队分别来自新疆维吾尔自治区、青海、四川、甘肃，共有 677 匹马参加全部五项赛事。包括观众在内，参会人员超过 10 万人次，节庆收入超过 6000 万元。但在所有参会人员中，游客所占的比重很小，笔者在赛马会期间随机对 200 名游客进行了访谈，发现来自区外的游客只有 8 名。因此赛马会撬动的主要是区域内部的消费，旅游开发运营色彩尚有待于进一步强化。

在夏河草上的拉卜楞寺，正月十五会举行酥油花灯节，每一座酥油花灯都是一件令人瞠目结舌的工艺品和形象逼真的宣传品，游客可以感受到藏族工匠的细腻、维美和想象力。在酥油花灯节，寺院会举行浓重的佛事活动，游客可以强烈地感受到甘南草原藏族的文化风情。近年来，参加酥油花灯节的外地游客越来越多，根据夏河县旅游局所提供的数据，酥油花灯节人流中外来游客的比例能够超过 20%，该比例远远超过了玛曲县的格萨尔赛马大会。但外来游客来自周边地区的多，远程游客少，其中相当一部分游客带有宗教朝圣的目的。这反映出佛教文化在民间具有很大的影响和广泛的群众基础，在运营甘南草原区的旅游节庆活动时，应充分重视和利用这一特征。

4. 文化艺术欣赏

文化艺术是甘南草原区文化风情的组成部分，同时也是藏族居民生产生活方式的反映。甘南已明确提出"文化撑州"战略，并计划建设藏族歌舞演艺中心、藏戏演艺中心、藏文化研究中心、唐卡艺术传承保护中心等，在各个文化中心，游客可以对藏族的各种艺术形态进行仔细地欣赏，并从中品读藏族的民俗风情，通过艺术欣赏的方式了解藏族人的服饰、住宅、生活用具、文化情感等。除此之外，游客在一些旅游区、宾馆、酒吧、茶馆、饭店、藏家乐、牧家乐当中，以及建筑的图形符号及装饰上均能欣赏到歌舞、绘画等艺术形态，从而通过文化艺术窗口对甘南草原区的文化风情进行洞悉。目前除了宗教寺庙外，甘南州尚未有运营成熟、艺术品及艺术形态集中旅游点，文化艺术类旅游产品的开发尚处于滞后状态。在日后的旅游开发运营中，需通过各种载体展现甘南草原区特有的文化艺术，增强旅游服务的文化含量，提升旅游产品的文化内涵。

3.2.3 民俗体验旅游发展现状

1. 游客对民俗文化的认识深度不够

笔者在甘南草原对200名游客进行了调查，在调查过程中，请游客对其认同的选项打钩，最多可同时选三项，调查结果如表3-2所示。

表3-2　　　　　　　　游客对藏族文化的认识

游客对藏族文化的认识	有值得学习的精神内涵	值得尊重和传承	有特色、有吸引力	对一些文化现象不理解	比较落后、需尽快提升转变
认同率（%）	25	36	78	32	22

大部分游客均认为甘南草原区的民俗文化比较有特色、有吸引力，但游客对地域民俗文化"有值得学习的精神内涵""值得尊重和传承"这两个选项的认同度均不高，分别为25%和16%；其中游客对"对一些文化现象不理解"这一选项的认同率为26%，对甘南草原区文化"比较落后、需尽快提升转变"这一选项的认同度为14%。上述调查结果反映出大部分游客对甘南草原文化有较为浓厚的兴趣，觉得其跟自己生活区域的文化不一样，比较有特色和旅游吸引力；但同时也反映出大部分游客并不能真正理解草原文化的内涵，认为草原文化值得尊重和传承、有值得学习的精神内涵的游客比例还比较低，相当一部分游客表示对这些民俗文化现象不理解，甚至有一部分游客认为这种文化比较落后，需尽快提升转变。

调查结果显示出虽然草原民俗文化是非常重要的旅游吸引物，但游客对民俗文化的认识深度还不够，对当地文化的尊重程度不够。事实上，相对于当地牧民群众，游客往往会有一种优越感，常常还会以批判的眼光来看待甘南草原区的民俗文化，这是由于游客没有充分了解到当地文化现象存在的合理性及其伟大的精神内涵，如人与自然和谐相处等。游客往往以一种强势文化的代表者出现，会使当地牧民的文化心理有一种压迫感，从而极容易造成当地民俗文化的被同化。

2. 参观探访是游客对民俗的主要感知方式

调查显示（见表3-3），大部分游客的民俗感知源于"参观探访"方式，这是由于草原地区民俗文化现象分布广泛，游客随处可见，因此构成了游客对地方民俗感知的主要方式。通过驻留生活体验方式感知民俗的比例较少，这是由于草原地区的藏家乐、牧家乐等专门用于民俗体验的接待点数量还比较少，同时这些仅有的民俗接待点也存在特色不突出，服务质量不高的缺陷。游客通过节庆活动感知民俗的比例更低，这是由于大部分游客均不能碰巧赶上举行节庆活动的机会，而且节庆活动期间人满为患，住宿紧张，使大量的外部游客无法进入。文化艺术虽然在甘南草原区的建筑、生活等方面广泛存在，但由于其比较抽象，许多都跟游客平时的生活有一定距离，而且在藏区许多艺术形态雷同性强，致使游客不能通过文化艺术这个窗口了解到更多的文化风情。实际上，游客了解民俗风情的参观探访活动大部分都由游客自己主动进行，草原区缺乏相应的旅游服务及经营活动。相反，驻留生活体验及节庆活动参与是甘南草原区专门运营的民俗体验类旅游项目，但却不是游客民俗感知的主要来源及方式。

表3-3　　　　　　　　　游客民俗感知方式调查

感知方式	民俗参观探访	驻留生活体验	节庆活动参与	文化艺术欣赏
民俗感知源于各种方式的比例（%）	68	13	9	10
对各种民俗旅游方式的认知及建议	民俗文化分布范围广泛、特色突出，但同化变异严重	餐饮不太合口味、住宿点设施简单、环境卫生需改进	节庆均比较热闹，但节庆期间宾馆很紧张	文化艺术价值很高，但好多很抽象、看不懂

3. 生活体验及节庆活动的客源存在本地化的倾向

调查显示，甘南草原区域的藏家乐、牧家乐等民俗生活体验场所的客源以本地人为主，外地游客对其感兴趣的程度并不高，以致许多藏家乐、牧家乐变成了本地居民休闲度假及亲朋好友聚餐娱乐的场所。节庆活动也存在同样的问题，大部分节庆活动的绝大部分客流均来自本地。这反映出在甘南草原区的旅游业发展过程中，作为文化体验场所的藏家乐、牧家乐，以及作为文化感受体验机会的节庆活动并没有针对外来游客很好地发挥其应有的服务职能。造成这种结果的原因有如下两个：

第一，相应文化体验场所的文化特色不突出、文化氛围不浓厚、吸引力不强；同时外来游客对住宿及餐饮服务质量的要求更高，这些场所的软硬件服务不能满足外来游客的需求。

第二，地方节庆活动的旅游化运营程度尚不高，市场化运作手段还不充足，被政府部门及相关组织包办的痕迹较重。甘南草原区的接待设施供给的弹性较小，无法消化外来游客量在节庆期间的瞬间剧增。

3.2.4 民俗体验旅游发展中存在的问题

1. 民俗文化的主动性推广不够

前文调查显示，民俗文化是甘南草原区非常重要的旅游资源，游客对其特色及吸引力的认同度也比较高。但目前地域民俗文化既不能引发游客对其进行尊重，同时又不能充分增强当地居民的文化自尊心，因此在外部强势文化的挤压和影响下，甘南草原区的特色文化面临被同化变质的风险。如果甘南草原区的特色文化被同化变质，整个草原区的旅游吸引力就要受到很大的影响，会影响到甘南草原区旅游业的可持续发展，因此保护和传承地域特色文化是甘南草原旅游区旅游业可持续发展的需要，其任务艰巨而又紧迫。

为了保护和传承地域特色文化，引起外来游客对地域文化的尊重，以及增强当地居民的文化自尊心、自信心至关重要。但当前在进行文化展示和文化传递的过程中，往往只表现了地域特色文化的形式，没有通过种种有效手段向游客解读地域特色文化的精神内涵、形成原因及其存在价值，因而游客还是不能从根本上理解和认识甘南草原区的特色文化，因而也就不能在游客内心引起更深更多的文化认同感，进而使其尊重这种文化形式。为了能表现地域特色文化的精神内涵、生动、有效、甚至感人的解说必不可少，可以尝试采用歌曲、电影、故事等游客容易接受的方式来深入解读甘南草原区地域文化，强调其存在的合理性及必要性。当地居民的文化自尊心是建立在外界游客对其文化认同和尊重基础之上的，若游客对地域特色文化的认同及尊重程度提升到一定程度，当地居民保护和传承地域特色文化的责任心就会增强，甘南草原区的地域特色文化就会得到传承。

2. 文化体验服务的层次水平较低

藏家乐、牧家乐、节庆活动等文化体验服务质量不高，导致其并不能针对外来游客形成吸引力。由于外来游客的休闲消费经历更加丰富，比较的对象也更加宽泛，其对当前甘南草原区文化体验服务场所及设施的满意度比较有限。因此应以甘南草原区藏民族特色文化为内涵，多引进和采用现代科学技术和新型设备，对传统的文化体验服务场所进行提升改造，在提升改造的过程中，有必要引入外部力量，从区域外部及游客的角度来提升文化体验服务。

在旅游业有一定基础的地方，应出资组建专门的研究机构，并聘请外部专家学者及技术人员，综合资源特色和市场需求两方面的因素，研究地方特色文化的表现形式、表现手段，挖掘其价值，并用实用、生动、形象的手段对其进行展现，为地方特色文化寻找符合现代潮流的载体和展现方式，并将这些展现方式充分应用于具有地域文化特色的餐饮及住宿服务之中，增强文化服务项目的吸引力，使其除了可满足地方居民的休闲度假需求之外，还可以满足外来游客的文化体验需求，真正发挥其文化服务的功能。同时也可围绕地方"尊重自然、天人和谐"的精神，与国内外力量雄厚的动画片公司合作，制作一边轰动效应堪比"功夫熊猫"的动画大片，除了充分宣传地域生态文化精神之外，还可采用现代虚拟技术，仿照动画片场景营造游客的体验空间，丰富文化体验服务的形式和内容。

3. 艺术表现形式缺乏创新

甘南草原区的艺术从内容到形式均完整的沿袭了传统，这一方面与藏传佛教的严肃性有关，另一方面也与艺术的创新投入不足有关。由于内容单调、形式单一，不同场所的雷同性强，游客的兴趣度不够，虽然这些艺术形式到处出现，但仍不能成为游客文化感知的重要源泉，且相当一部分游客认为其比较抽象，难以看懂。因此建议在非宗教场所，除了绘画、雕刻等艺术图案之外，还应有适当的文字解说，以使更多的游客能了解这些艺术形式所表达的含义。同时应借助现代多媒体手段、声光技术，丰富甘南地域传统艺术的表现形式，使其更加形象、生动。为了扩大地域文化影响，也不妨可以采用一些市场化运作手段，如在北京、上海等大城市，专门聘请模特着经适当改造加工的藏族服饰，起到引领时尚的效果，使藏族服饰艺术能逐渐渗透到各地，延展地方文化的生命力，扩大地方文化存在的时空范围，最终达到保护和传承地方特色文化的目的。

3.3 休闲度假旅游活动

甘南草原区的旅游业目前主要仍以观光旅游为主体，休闲度假旅游业态虽在也在甘南草原区存在，但其仍然不具有规模性；同时，甘南草原区的休闲度假游客主要以区域居民为主。受区位条件、气候条件、文化条件的影响，许多游客进入甘南草原区的主要旅游休闲目的也是游览观光。甘南草原区气候高寒、氧气稀薄、各种基础设施配置比较薄弱，许多游客进入后有高原反应，一些游客不能适应甘南区的生活条件，这是甘南草原区发展休闲度假旅游产业的障碍。

3.3.1 休闲度假旅游环境及资源

1. 休闲度假环境

第一，原始纯洁的自然环境。甘南草原区除了牧业生产之外，基本上没有工业、矿业也很少；适度的游牧业是一种环境友好型生产方式。因此，甘南草原区拥有非常原始纯洁的自然环境，纯净、开阔、明朗、静谧、淳朴是其总体特征，这种自然环境由湛蓝的天空、洁白的云彩、清新的空气、纯净的水体、绿色的草原、烂漫的野花等构成。由于该海拔草原湿地具有调节气候、涵养水源等生态功能，所以被誉为地球之肺。草原上野生动植物资源丰富、生态气息浓郁，以甘南草原为例，有梅花鹿、黑颈鹤、雪豹、蟒蚺等国家一级保护动物17种，苏门羚、藏原羚、黑熊、盘羊等国家二级保护动物24种，拥有当归、党参、猴头、雪莲、冬虫夏草等名贵野生药材。当前游客的生态休闲度假需求在快速快张，甘南以其原生态特征明显、自然风光优美的环境，能为游客提供一个原始纯洁的生态度假空间。

第二，氛围融洽的文化环境。甘南草原区居民信奉藏传佛教，主张与人为善、普度众生，人际关系单纯、人文氛围和谐。同时当地居民尊重自然生灵，认为所有生命都是平等的，因而甘南草原区具有"人与自然融洽和谐"的精神内涵。这种和谐融洽的氛围体现在甘南草原区的方方面面：如藏族人的淳朴、热情好客，僧侣的修行与善德，对大自然的友好与尊重、耐人寻味的民风民俗等。这种原生态的文化富有魅力，是外界游客对甘南草原区向往的重要原因之一，也是开展休闲度假旅游的重要环境依托。另外，青藏高原特有的牛毛毡帐篷、藏传佛教寺院、帐房式建筑、建筑表面的装饰图案，以及当地居民的服饰、宗教信仰精神，当地的生产方式和生活习惯、民族歌舞等艺术形态等共同营造出特色鲜明、引人沉浸陶醉的文化环境，是甘南草原区开展休闲度假旅游的文化环境优势。

第三，凉爽宜人的气候环境。甘南草原区夏季气候凉爽，生活居住舒适，不必使用空调制冷，休息睡眠不受蚊虫干扰，也不需使用蚊香等让人有不适感的生活用品，因而是夏季避暑度假的理想目的地。以甘南草原为例，其属高原大陆性季风气候，夏季气温在15~26℃，凉爽宜人，最高温度在20℃左右，夜间最低在6℃左右，夜间合适的气温能让游客拥有高质量的睡眠，非常适合避暑度假；夏季由于植被生长活跃，高原氧气相对充足，大部分游客的高原反应症状会减轻，适应一到两天后休闲生活完全不受影响。夏季草原上降雨量较多，空气湿度相对较大，可以减少气候干燥对来自东南沿海一带的游客所造成的不适；同时夏季也是草原上最美的季节，可以将避暑休闲度假与游览观光、娱乐休憩等旅游活动相结合，增强避暑休闲度假旅游的吸引力。

第四，悠闲恬淡的生活环境。甘南草原区居民的生活方式简单、生活节奏缓慢、人际关系单纯，同时由于所处地域的生态环境原始秀美，使甘南草原区的生活给游客以悠闲恬淡的印象。草原上缓慢移动的牛群羊群、帐篷上袅袅升起的炊烟、歌声悠扬的牧羊姑娘、舒缓延伸的山峦、宁静的天空及大地、自然随性的野花等共同营造出悠闲的高原时光。由于牧业生产的原因，部分当地居民的闲时间很多，常常三五成群泡茶馆聊天，给游客一种无忧无虑、消磨时光的感觉。夏季常常会在水边、林畔看到成群结队的牧民在聚众玩耍休闲。慢节奏的生活能够营造出休闲感受，为忙碌的大都市居民所向往，在这里游客可以暂时淡出当下浮躁的时代氛围，以舒缓悠闲的节奏充分感受青藏高原的阳光、绿色、蓝天，所以甘南草原区悠闲恬淡的生活环境可以成为一种旅游吸引力，以此为基础可以开发休闲生活型旅游产品。

2. 休闲度假资源

甘南草原区的休闲度假资源主要指生活起居及养生资源，主要涉及住宿、饮食、医疗、娱乐等方面。住宿方面有牛毛毡帐篷、藏式床、藏式桌椅、藏毯等；饮食方面主要有糌粑、酥油茶、蕨麻猪、人参果米饭、酸奶等；医疗方面主要有藏医药、藏族理疗养生方式等；娱乐方面主要有骑马、歌舞等。

夏天住牛毛毡帐篷，透气凉爽，能跟草地亲密接触，可光脚在帐篷内的草地上活动，如遇雨夜，可卧听雨打帐篷顶的沙沙声；初下雨时，会有数滴雨水渗透进来，但帐篷被浸湿时，毛孔会收缩，便会滴雨不漏。帐篷住宿的这些特点对来自其他区域的游客而言是一种诱惑，可以拓宽、丰富游客的生活体验。藏族饮食绿色无污染，食之有助于身体健康。

藏医疗养生是非常重要的休闲度假资源，养生学是藏医的主要内容之一。藏医养生学认为：自然界春夏秋冬的变化和寒暑燥湿的气候直接影响人的生理发育和健康；认为自然界是万物生命的源泉，人的机体的生理、病理、生长、发育、衰老都与自然界的四季变化休戚相关。基于此，在不同季节的生活起居方面有相应的规定和讲究，并提出了"天人相应"的调解饮食方法。藏医特别强调养神、养德、养性和养心，十分注重调整人的精神心理，认为心性养生是健康的保证，所以主张人要性格开朗、活泼外向、无忧无虑。藏药在甘南地区生长，光合作用有效积累高，花色鲜浓，有奇特疗效；部分藏药对一些疑难病症如肠胃病、风湿病等有特殊的疗效。可依托藏医药资源开展休闲养生度假旅游产品。

3.3.2 休闲度假的主要方式

1. 快餐式休闲度假

当前，来甘南草原休闲度假的游客以节假日休闲度假为主，客流往往会集中在五一、暑假、十一、周末等时间段，客流在某一时间段内的高度集中抬高了宾馆的床位价格，同时也破坏了草原整体上宁静悠闲的氛围。目前草原上的休闲度假具有快餐式特征，即游客在一个旅游接待点匆匆住短短一两天时间，然后匆匆离去；相当一部分游客的主要目的是消磨节假日时间；部分游客在某个旅游点住下来之后，以该点为据点，还要以比较快的速度去其他景点游览观光。快餐式休闲度假具有游客驻留时间短、客流在时间上集中的特点，这种特征放大了甘南草原区旅游业的季节性和阶段性。快餐式休闲度假对旅游消费者造成的影响是：不能深刻感受草原区悠闲恬淡的慢生活节奏，不能细细品味甘南草原区原始纯洁的自然环境及和谐友好的人文氛围，其最终结果是甘南草原区的休闲度假环境及休闲度假资源优势不能有效地转化为产品优势，不是最大化实现休闲度假旅游所应产生的经济效益。同时快餐式休闲度假游客人流的高度集中性，旅游区为游客提供精细优质的个性化休闲度假服务带来了一定难度，最终使整个草原区的休闲度假服务质量比较劣质，影响了整个甘南草原区的旅游形象及后续旅游吸引力。

在快餐式休闲度假模式下，旅游区会利用有限的时间段最大化的接待游客，导致游客在时空范围内高度集中，使草原的压力负荷超过其承载能力，从而为甘南草原区带来了很大的旅游业生态风险。

根据在甘南草原对 200 名游客的随机调查（见表 3 – 4），大部分游客在甘南草原旅游的时间为 2 ~ 3 天，占到被调查游客的 74%；少部分游客在甘南的停留时间只有 1 天，主要以去九寨沟等地的过境游客为主；在甘南停留 4 天以上的游客所占比例很低，只有 15%，停留 5 天以上时间的游客的比例只有 4%。调查结果表明，大部分游客在甘南的旅游时间较短，除去到达和离去的时间，大部分游客真正在甘南旅游的时间为 2 天左右，而且这两天时间内游客往往要到访许多地方，说明在甘南草原上"快餐式休闲度假"的旅游特征极为明显。

表 3 – 4　　　　　　　游客在甘南草原的旅游时间

游客在甘南草原的旅游时间	5 天以上	4 天	3 天	2 天	1 天
入选率（%）	4	11	39	35	11

2. 生活型休闲度假

生活型休闲度假即游客到旅游目的地生活一段时间，深入感受旅游目的地的生活节奏，体验目的地的文化氛围，获得差异化的生活情趣，提升自身的生活质量，扩大生活体验。生活型休闲度假旅游方式在甘南草原区虽然也存在，但是还十分稀少。生活型休闲度假的产业延伸性更强，如可以延伸出医疗服务、教育服务、卫生服务、家政服务、咨询服务、心理服务、物业服务等，因而其经济发展的关联带动作用更强，由于甘南草原区生活度假型旅游业态的稀缺，使甘南草原旅游区的经济效益还有很大的提升空间。生活度假型旅游服务是一种精细型、个性化的旅游服务，对旅游服务质量的要求更高，因而在甘南草原旅游区发展生活度假型旅游服务可以提升整个草原区域的旅游业服务水平。同时，由于生活型休闲度假旅游服务的滞后，使甘南草原区一些旅游资源，如绿色生态美食、民俗风情等的旅游休闲价值没有得以充分发挥。

根据在甘南草原对 200 名游客的随机调查（见表 3 – 5），发现以体验生活为主要旅游目的的游客的比例为 16%，低于以游览观光和度假放松为主要目的的游客的比例，根据国内外生活型休闲度假需求快速增长的趋势，甘南草原上生活型度假旅游还有很大的发展空间。

表 3 – 5　　　　　　游客在甘南草原的旅游目的

游客来甘南草原旅游的主要目的	来欣赏草原风光及人文风情	度假放松	体验生活	宗教朝圣	康体养生
所占比例（%）	33	29	16	18	4

3. 养生型休闲度假

与快餐式休闲度假、生活型休闲度假旅游方式相比，养生型休闲度假在甘南草原区最为稀缺。只有少部分人前往藏传佛教圣地修身养性，实现养心的目的。但如前文所述，甘南草原区的养生休闲类旅游资源比较丰富，可开发的休闲养生类旅游产品的类型较多。藏传佛教能让人躁动的心灵归于平静，有很好的养心效果。可依拖甘南草原区特殊的自然环境，开展高原瘦体养生旅游服务。研究及服务表明：高原瘦体具有比较明显的效果，目前在青藏地区也已存在高原养生俱乐部；虽然在甘南区有高原反应，但在青藏高原一周左右的逗留时间有助于人体一些疾病的恢复；但目前在甘南区域的养生俱乐部内，引进了许多外来的休闲养生旅游方式，而没有对本土特色的养生方式及文化进行挖掘和整理。藏餐是食疗的重要素材和原料，可以此为基础打造藏餐养生类旅游项目。藏医药功效显著，藏医具有非常突出的养生理念，可开设藏医养生馆，融体验性与养生功能于一体。应当重视对宗教旅游资源的应用，设藏传佛教养心馆,在这里可以请德高望重的僧人同游客之间进行交流沟通,达到成功开发特色养心休闲度假旅游项目的目的。

根据在甘南草原所做的调查,目前以康体养生为主要目的的游客的比例十分低,只有4%。但整个国内外旅游市场养生旅游的发展势头较好,游客的响应度高。甘南草原区具有非常优质的养生服务旅游资源,具有发展养生度假旅游的优势;而且养生旅游的消费额度高、经济效益好,在日后的旅游业发展中,应将资源优势转化为旅游经济发展优势。

3.3.3 休闲度假旅游的特征

1. 休闲度假旅游尚未形成气候

根据前文分析,甘南草原区真正的休闲度假旅游气候尚未形成,大部分游客仍以游览观光为主要目的,纯粹的休闲度假型游客所占比例很少。这反映出如下几个问题:

第一,独特的自然及人文景观是甘南草原区最主要的旅游卖点,外界游客对其感兴趣的程度很高,"一生来一次青藏高原"甚至是许多人的梦想;远程游客来甘南草原区的主要目的是游览观光,而非休闲度假,说明甘南草原区观光型旅游资源的吸引力高于休闲度假型旅游资源的吸引力。对于远程客源市场而言,其休闲度假的旅游目的地选择可能是海滨、低海拔山区、居所周围的休闲农庄,而非甘南草原区。因此,对于甘南草原区的旅游开发运营者来说,需认清区域自身对于远程客源市场的吸引力究竟在什么地方。

第二,市场区位条件对甘南草原区休闲度假旅游业的制约作用明显。根据当前国内旅游市场状况,休闲度假旅游具有近距离出行的特征,即根据当前国内居民的经济收入状况、闲暇时间状况、消费习惯状况,大部分游客大部分时间会选择在居住地周围一定范围内选择环境优美、基础设施档次高、服务条件好的旅游区进行休闲度假,只有少部分时间会远程出游度假。甘南草原区远离客源市场,且交通条件尚不太发达,这制约了甘南草原区休闲度假旅游产业的发展。以甘南草原为例,目前兰州游客进入的时间也在 5 小时以上,若利用两天周末前往甘南草原休闲度假,则时间会显得很窘迫;对于沿海地区的大部分游客而言,来甘南草原休闲度假则会受到更多时间因素、经济因素等方面的制约。

第三,自然社会条件对甘南草原区休闲度假旅游业的制约作用也很明显。甘南草原区因海拔较高,大部分游客进入都会有不同程度的高原反应,因此许多游客不愿意停留较长时间;因此甘南草原区的旅游业开发运营者应通过一定的宣传手段,让游客正确认识高原反应。另外,甘南草原区社会经济条件相对落后,餐饮、购物、娱乐、运动等基础设施配套相对欠缺,对于外地游客而言,生活条件多有不便之处,这也使许多游客不愿意在甘南草原区花较多时间休闲度假的原因之一。

2. 游客休闲度假花费的时间较短

甘南草原区地域辽阔、当地的生产生活据点及旅游点均较分散,这为各种旅游设施的集中配置带来了难度。草原区与山林、海滨等旅游目的地相比,自然资源单调、生活娱乐内容简单,游客更容易出现审美疲劳感及生活乏味感,这是导致甘南草原区游客休闲度假花费时间较短的原因之一。因此,甘南草原区应该找出更多的内容来为旅游开发所用,其丰富的民俗文化旅游资源优势是山林、海滨型休闲度假旅游目的地所无法比拟的,因此在发展休闲度假旅游业的过程中,应研究如何将民俗文化运营于休闲度假服务,以达到延伸游客体验、丰富游客生活内容、增加休闲度假生活情趣的目的。

当前甘南草原上的休闲度假服务主要是帐篷住宿、民族饮食、篝火晚会、歌舞表演等比较常态化的内容,缺乏有一定深度和个性的休闲度假服务。对于草原上当前已呈现给游客的自然及人文情趣,游客只需要花一两天的时间即可完全领略,尚缺乏需要游客长时间驻留体验的内容。这是造成游客在甘南草原区休闲度假花费时间较短的又一个重要原因。

另外，当前甘南草原区的休闲度假游客以本地市场或地缘市场为主，这类游客可能已多次进入甘南草原区域，其在草原上休闲度假的主要目的是同亲朋好友、家人一起消磨节假日时光，而非生活体验或康体养生等，这也导致休闲度假游客的停留时间相对较短。

3. 休闲度假旅游的经济效益欠佳

根据访谈夏河县旅游局工作人员，发现休闲度假游客在草原上的费用支出较低，平均每人每天的旅游消费支出为200元左右，远低于全国的平均水平；但同时，有少量游客抱怨在甘南草原区有钱没地方花。草原上的许多休闲度假点不收门票，主要靠餐饮、住宿消费赚取利润，除去各项成本，总体经济效益欠佳。虽然当前草原休闲度假区的投资额度较低，尚不存在亏损的经营单位，但如果将草地的生态成本计算在内，则部分休闲度假接待经营点存在负效益。以甘南草原为例，当前大部分休闲度假服务的价格普遍偏低，甚至一张床位一晚的售价只有20元。在计算服务价格时，并没有将草地的生态成本计算在内，虽然各个接待经营点都不同程度的赚到了钱，但部分接待经营点是以严重的生态干扰和破坏为代价的，如果按照可持续发展理论和综合效益理论，这些休闲度假接待点则呈综合效益亏损状态。因此强烈建议在计算休闲度假服务价格时，将草地的生态成本计算在内，并由政府出面向各接待经营点征集生态环境保护修复基金，用于受损草地的生态修复，或补偿牧民减轻超载放牧对草场的压力。

3.3.4 休闲度假旅游发展中存在的问题

1. 休闲度假服务质量有待提升

甘南草原区游客休闲度假旅游花费时间短、支付费用少的一个重要原因是当前的休闲度假服务质量偏低，主要体现在以下几个方面：

第一，生活度假设施不完善。许多休闲度假接待点的房间内部只有一张比较窄的床和一台电视机，没有卫生间及其他任何设施。这种状况的设施只能用于晚间睡觉，而且由于床比较窄，游客睡眠的舒服程度也会受到很大影响。在这样的环境中，来自城市的游客肯定不愿意久留。在大部分休闲度假接待点，休闲娱乐配套设施严重缺乏，游客只能躺在床上看电视。

第二，环境卫生状况欠佳。许多休闲度假接待点的环境卫生状况不能让游客满意，包括床单、被套的干净整洁及舒适程度，地面的干净程度，卫生间的总体氛围及卫生状况，接待服务点周围的环境卫生状况，餐桌餐具的卫生美观程度等。部分游客甚至认为在一些休闲度假接待点度假就是在花钱买难受。在这种状况和条件下，游客普遍不愿意久呆，也不愿意支付太高的费用。

第三，人员的服务水平较低。大部分休闲度假旅游接待点的服务人员没有接受过专门培训，服务意识欠缺、服务水平较低，主要表现在：服务随意性大、不够规范；不掌握最基本的服务常识及技巧；语言表达能力欠缺，不能很好地领会客人的意图；向客人展示的热情友好程度不够；以自己的意愿来代替客人的想法等。但由于甘南草原区区位偏远、经济欠发达，大部分游客都对这种现状表示能够理解，但若能切实提高工作服务人员的服务水平，则能在一定程度上提升游客的满意度。

2. 游客对度假服务的满意度低

根据在甘南草原随机对 200 名游客所做得调查（见表 3-6）发现，休闲度假游客的满意度总体偏低。

表 3-6　　　　　　　　休闲度假游客的满意度

甘南草原休闲度假游客的满意度	非常满意	比较满意	一般	不满意	很不满意
入选率（%）	11	25	38	19	7

对休闲度假服务表示出满意的游客只占调查对象的36%，虽然只有26%的游客对休闲度假服务表示出不满意，但满意度一般的游客所占比例为38%。调查结果显示出甘南草原区休闲度假服务亟须进行提升，以提高游客的总体满意度水平。游客对甘南草原区休闲度假服务不满意的原因主要包括以下几个方面：第一，生活条件不便利，游客多时住不到带卫生间的房间；第二，不够人性化，甘南草原区夜间温度较低，而住宿点提供的被子很薄，晚间会冻醒；第三，环境卫生状况不尽如人意，公共厕所卫生状况很差；第四，工作服务人员不够耐心咨询，对游客所提的要求不能给予及时和足够的关注；第五，缺乏特色，服务方式盲目向外界看齐，没有充分体现草原特有的文化。

3. 休闲度假服务内容不够丰富

许多休闲度假接待服务经营点的服务内容非常单调，以满足游客吃饭、住宿等最基本的生活需求为主，这会使许多休闲度假游客感到特别乏味。大部分休闲度假接待点规模小、经营档次低、所处位置分散、相互之间竞争激烈，由于各个分散经营店的游客规模达不到要求，所以无法为游客配置酒吧、茶馆、咖啡馆等等夜生活设施。除小型的篝火晚会之外，游客的夜生活非常平淡乏味，许多游客甚至是在无聊和无奈的情绪中度过闲暇时光的。对于酥油茶、酸奶等民族风味餐饮小吃，游客体验一次尚感到非常新鲜，但当多次重复食用时，游客的兴趣偏好就会极大下降。因此，草原休闲度假亟须在休闲娱乐活动内容、闲暇时间消遣方式、风味餐饮品种、休闲度假设施等方面进行创新，以草原特色文化为核心，以满足游客多元化的服务为主线索，丰富休闲度假服务内容，增强游客的休闲度假体验。

4. 草原区域内部雷同现象严重

甘南草原区休闲度假服务的雷同程度很强，普遍以住帐篷、吃藏族风味饮食、晚上跳篝火晚会为主要内容，相互之间缺乏特色和个性。许多用于住宿餐饮接待的设施为砼质结构的帐篷型房屋,除外形特征之外,草原民族特色已荡然无存,而且该种房舍进深较大,通风透气效果普遍不好,会影响到消费者的舒适度。但由于容量大、造价低、维修管理方便,类似的固定建筑正在整个甘南草原区蔓延,一方面破坏草地景观、影响大美草原的视觉观景效果,另一方面使各经营点在风格上高度雷同,其最终结果只能导致各服务经营点之间的恶性竞争,同样也会缩短游客在草原上的旅游休闲时间,减少游客在不同休闲度假接待点的体验消费。实际上在草原藏族中间,也有部落之分,不同地区的文化现象和风俗习惯也有很多不同,在进行休闲度假旅游开发过程中,应对这些差异性文化进行充分挖掘研究,并运用其凸显不同接待经营点之间的个性和特色。政府管理部门应制定科学合理的控制性旅游规划并严格付诸实施,使不同接待经营点在景观特色、服务内容、服务风格方面存在差异。

3.4 节庆旅游活动

3.4.1 主要节庆活动介绍

甘南草原区民族风情浓郁、节庆活动众多;其中许多活动已形成了很好的人气效应,并产生了一定的旅游经济效益。在所有节庆活动中,大部分节庆活动与藏传佛教有关,与藏传佛教有关的节庆活动群众基础广泛,参与者众多,文化特色鲜明,宗教氛围浓郁。

以甘南草原为例,主要节庆活动包括拉卜楞寺晒佛节、香巴拉旅游艺术节、香浪节、毛兰木大法会、插箭节、达久滩赛马大会、玛曲格萨尔赛马大会等,其中主要节庆活动概况如下。

(1) 拉卜楞寺晒佛节。拉卜楞寺晒佛节于每年农历正月十三日午前举行，是拉卜楞寺为期 15 天的正月法会系列活动之一。也是藏族风情的集中展示，僧俗信徒万众云集，也会有许多外地游客前来参加，法会持续到农历正月十七结束，主要活动有晒佛、跳法舞、酥油花灯会、转香巴等，参会人数逾 10 万。

（2）香巴拉旅游艺术节。香巴拉旅游艺术节每年盛夏在当周草原上举行，是甘南藏族自治州最大的旅游综合性节日，以回归自然、回归生活、突出民族特色为主旨，是面向广大群众的节日盛会。该节庆活动可以让游客体验藏文化最真实的一面，了解藏民族风俗并与之同乐。

（3）香浪节。香浪节于每年农历六月十五日前后在桑科草原上举行。香浪节是一个浪漫而富于情趣的节日。藏胞们在节日期间会开展一些富于生活情趣和民族特色的娱乐活动。如赛马、赛牦牛、拔河、摔跤、赛跑、唱歌、跳舞等。香浪节期间常常会举行热闹的集市贸易活动。

（4）毛兰木大法会。每年于自正月初二晚起，到正月十七日止，历时十五天，在甘南藏区各大佛教寺院进行。法会期间各寺院的全体僧人每天要在大经堂诵经六次。第一次叫晓会，第二次叫晨会辩论，第三次叫午时会，第四次叫祈愿会，第五次叫晚茶会，第六次叫晚辩净会。

（5）插箭节。每年农历五六月间在甘南草原上的许多个地方举行。人们骑着马扛着箭去神山敬献，插箭处还要煨桑、放风马。插箭节源于古时候人们之间的相规村约。以前人们常常为了争夺草场而发生战斗，结果两败俱伤，为了避免伤亡和由于争斗引起的不必要的损失，双方约定共同将武器放置于高山上，停止斗争，共同发展生产，后来这一习俗便沿袭下来，成为今天的插箭煨桑节。

（6）达久滩赛马大会。每年农历七月十三日的达久滩赛马会是甘南夏河藏区的重要民族节日，也是很热闹壮观的草原盛会。传说格萨尔王 13 岁时在桑科达久滩赛马夺冠，登基称王，从此桑科草原便有了赛马节。赛马开始前要举行宗教仪式，请僧人念经。牧民们则要煨桑，向神山献旗，在山上垒玛尼堆，挂经幡等，祈祷神灵保佑吉祥平安、人畜兴旺、竞赛获胜。

(7) 碌曲唱山会。是郎木寺规模较大的法会之一，也是该寺中最为热闹的节日，唱山会 6 月举行，持续 7 天时间。

(8) 玛曲格萨尔赛马大会。每年 8 月中旬在玛曲县举行，是中国西部地区规模最大、档次最高、奖金最高的赛马盛会，有草原上的"奥运会"之称。赛马会期间有文艺表演、招商推介、旅游宣传等多种活动，还举行富有特色的藏獒展评大赛。

3.4.2 节庆活动的特点

1. 文化渊源深厚

甘南草原上的大部分节庆活动均具有深厚的文化渊源。由于文化渊源深厚，所以大部分节庆活动具有高立意的精神内涵，如插箭节传递了和平团结的精神，格萨尔赛马大会与格萨尔赛马称王有关。其中好多节庆的文化主题并不为游客所了解，因此非常有必要对各个节庆活动的文化精神进行充分阐释，并寻找其在现代社会的现实意义，对其进行现代化解读，以进一步扩大这些节庆活动的现实影响力。

2. 群众基础广泛

甘南草原区的居民对各个节庆活动的参与热情高，使草原上的节庆活动有非常好的群众基础。一些影响力大的佛教法事活动常常会吸引方圆数百里的群众参与，与会者常常接近数十万之众。由于这一原因，草原上的节庆活动往往会辅以一些歌舞娱乐性活动，吸引众多人观看或参与；其中有些节庆活动本身就是群众性的一种自发活动，如插箭煨桑节，基本上每家每户都会参与。

3. 宗教特色突出

几乎所有节庆活动与宗教都有密不可分的关系，都要举行相应的宗教仪式,在活动进行过程中也常常会有鲜明的宗教痕迹,这与藏传佛教在甘南草原区的影响力有关。也正是由于这些宗教特色,才使这些活动有了自己的个性和独特之处,也使这些活动在甘南草原区有了非常广泛的群众基础。

4. 场面热闹壮观

甘南草原区的各类节庆活动不但群众参与面广,而且群众参与的积极性和热情也很好,加上节庆活动期间会有各种比赛、表演、娱乐,使这些节庆活动的场面显得非常热闹壮观。近年来,由于交通条件的改善和整个旅游业的发展,游客参与这些节庆活动的越来越多,进一步增强了这些节庆活动的人气和热闹氛围。

3.4.3 节庆活动的旅游带动效应

总体上来看,节庆活动的旅游带动效应逐渐显现,部分游客的进入直接与节庆活动有关,还有部分游客的进入间接与节庆活动有关。节庆活动的旅游带动效应主要体现在以下方面:

第一,客流产生效应。由于外界的一些游客对甘南草原区的节庆活动有浓厚兴趣,会直接进入参会,如一些佛教信众会从数百公里之外进入甘南草原参加拉卜楞寺法会,这会为草原区带来相当一批旅游客流。近年来,外界游客专程来参加各种节庆活动的人数开始呈增长趋势。随着这些节庆活动影响力的扩大,其必将为甘南草原区带来数量相当可观的旅游客源。

第二,品牌形象效应。部分节庆会成为草原上的文化品牌,随之会形成品牌形象效应,其也会对所在地的旅游形象产生积极的推进作用。如由于玛曲每年举办藏区规模最大、参赛选手最多的赛马大会,被国家体育总局授予"中国赛马之乡"的称号这一品牌,玛曲县也正在围绕这一品牌形象进行相关建设,其必将在外界产生影响,吸引部分专项游客及关联游客进入玛曲观摩或参赛。

第三，建设促进效应。一些节庆活动的举办已成为当地的政府行为，如甘南香巴拉旅游艺术节，政府为节庆活动的举办进行了大量投入，为了推动节庆活动的进一步发展，这种投入还在继续，这些投入主要被用于道路设施的改造、城市环境卫生的整治、电力电信设施的提升完善、城镇视觉形象的打造、市容的绿化与美化等。因此这些节庆活动的举办，促进了当地基础设施的建设，城镇形象的提升，这对旅游业的发展也是有百利而无一害。

第四，服务提升效应。为了成功举办一些节庆活动，当地政府、各个部门以及各种组织常常会邀请一些嘉宾，其中不乏一些上级政府的重要官员、各界社会名流等，邀请方会非常重视节庆活动的服务质量，对当地的宾馆、饭店、景区点等各个场所的服务质量会有更高的要求，有时候甚至会专门花费人力物力对相当单位的服务质量进行针对性培训，这在客观上会起到促进地方服务水平，并产生示范带动效应的作用。

3.4.4　节庆旅游活动发展中存在的问题

1. 部分节庆活动只重形象不重效益

一些节庆活动是当地政府的形象工程，其虽然在提升地区形象，促进当地基础设施建设，刺激地方旅游业发展方面起到十分重要的作用，但也存在过分注重形象效应，而忽视经济效益的问题。旅游业对于甘南草原区的许多市县而言，是非常有潜力的产业，甚至是唯一性的发展选择，所以地方发展旅游业的愿望非常迫切，在想方设法提升地区形象，增强旅游吸引力，办节庆活动是其中的一种策略。但一些节庆活动所需的投入较大，政府主导性强，市场化运营成分少，所以经济效益相对较差。

2. 与旅游业的结合程度还有待提升

相当一部分节庆属于地方群众性或地方政府主导性活动，民间参与较为广泛，但外来游客数量较少，基本上不能算作旅游性节庆活动。这部分节庆活动没有开发设计专门针对游客的项目，也没有开展专门针对游客的服务，旅游配套设施缺乏，旅游业市场营销缺失，市场化运作程度不够，这也是导致外来参与的游客量较少的重要原因。甘南草原区的大部分节庆活动均与藏传佛教有关，与外来游客有相当的距离感，因而需围绕节庆本身的文化元素，专门设计游客可参与、感兴趣的娱乐性活动；需对节庆活动的精神内涵，如"和平相处、尊重自然"等进行现代化解读，以让游客理解，并充分认识节庆活动本身所具有的意义，从而增强游客的认同感及参与的积极性。

3. 部分节庆活动的文化氛围在减弱

如前文所述，甘南草原区的大部分节庆活动都有深厚的历史文化渊源，且宗教气息鲜明。但受现代文明和外界文化的冲击，整个藏区的传统文化都存在被同化、淡化、变异的趋势，节庆文化也不例外，这主要表现在以下几个方面。

第一，文化严肃性在减弱。与会者本身内心的文化情结、文化心理在逐渐淡化，一些节庆非常严肃的文化性环节及程序现在已逐渐成为象征性环节，甚至程序已被简化，失去了以前的严肃、庄重性，与会者的认真态度也在逐渐减弱。

第二，文化主题受到冲击。在节庆活动中，开始充斥越来越多与文化主题不相关的活动内容，冲淡了节庆的文化主题，有些节庆甚至变成了一个热闹杂乱的集市。

第三，文化内涵逐渐被淡化。对于许多与会者而言，节庆活动只是一种习惯和传统，甚至只是为了来凑热闹，并不关注或根本不了解节庆本身的文化精神内涵，而文化精神内涵是这些节庆活动的灵魂，长此以往，节庆活动本身的魅力和影响力会逐渐减弱。

4. 部分节庆活动的环境负面效应大

相当一部分节庆活动在草地上举行，与会者特定时间段内在草地上高度集聚，由于是公共性草地，与会者的保护意识不强，在草地上任意踩踏、嬉戏、甚至揪草打闹，对草地造成了非常严重的破坏，而甘南地区草地的生长恢复速度慢，完全恢复需要50年左右的时间。被破坏过的草地常常会露出大面积的裸地，在风蚀、雨淋、冻蚀等外力作用下，裸地的范围逐渐扩大，在裸地上产生的大量风沙开始向四周扩散，覆盖影响更多的草丛，致使被破坏裸露的草地成为草场退化的源点。部分县区的政府部门已开始意识到草地破坏的严重性，开始花大力气通过人工的办法向受破坏裸露地表上移植草皮，但部分地方政府还没有意识到问题的严重性，听之任之。因此，非常有必要向与会群众及游客宣传生态环保理念，并推广比较成功的受破坏草地治理办法。

3.5 宗教朝圣旅游活动

3.5.1 宗教朝圣旅游的重要性

甘南草原区宗教氛围浓厚，宗教设施众多，分布着许多寺院。甘南草原上准开放的各种寺观教堂181处，其中藏传佛教寺院121座（包括苯教），伊斯兰教清真寺55座，基督教堂3座，道观2座。其中重要的藏传佛教寺院有拉卜楞寺、郎木寺、禅定寺；重要的宗教节日有七月劝法会、正月十五的燃灯节、三月十五日拉卜楞寺的时轮金刚法会等。在甘南草原区，宗教朝圣旅游是非常重要的旅游活动，不容忽视，其重要性主要表现在以下几个方面。

1. 形成规模庞大的客流

甘南草原区居民具有全民信教、虔诚信教的特征，藏传佛教在甘南草原区影响深远，寺院僧侣在牧民心目中拥有非常崇高的地位。正是由于这个原因,藏传佛教寺院及活佛有非常强大的号召力,通过举办法会等常常能聚集方圆数百里的数万信众,这些佛教信众在朝圣礼佛的同时,也会相应进行一些游览观光及休闲娱乐活动,是甘南草原区旅游客源不可缺少的组成部分。

另外,大量的藏族同胞会不辞路途遥远前往一些藏传佛教寺院礼佛朝圣、拜见活佛,这是甘南草原区人员流动的一个重要原因,这部分人同样会在沿途和目的地进行休闲消费,属于旅游客源的范畴。由于藏传佛教寺院僧侣众多、高僧如云、保留了很突出的宗教本真性和原始性,会吸引许多外界信徒前来朝圣;一些商务人士也纷纷前来寻求佛学哲理、聆听高僧教诲、解除心中烦恼,这部分人将会成为甘南草原区的高端消费旅游客源。

宗教朝圣游客是青藏地区旅游客流的重要组成部分,其人群甚至涉及日本、韩国、东南亚、印度、尼泊尔等地,客源来源广泛;一个值得重视的现象是,在现代商业和激烈竞争的冲击下,随着越来越多人感到精神空虚,宗教朝圣游客的数量在逐年增加。

2. 营造浓郁的文化氛围

甘南草原区对外界游客充满魅力的一个重要原因就是由于其具有非常独特浓郁的文化氛围,而宗教朝圣是这种文化氛围的重要营造因素之一。宗教朝圣文化现象是甘南草原区旅游吸引力的重要源泉之一,这些文化现象包括:寺庙内外众多匍匐朝拜的藏族信众、转动经筒的藏乡人、沿途磕长头行进的虔诚者、寺庙内拜佛的外来游客、身着红色袈裟的喇嘛、寺庙经堂内僧人执着浑厚的诵经声、山头水畔随风飘舞的经幡、气势宏伟的寺院大殿、面容慈祥的佛像、造型美观的白色佛塔、随处可见的玛尼石堆等。每逢佛事法会,数万信众云集,其景象为甘南草原区所独有,神圣、肃穆、壮观的文化氛围油然而生。正是这种特色鲜明的文化氛围吸引着无数国内外游客远道而来。在甘南草原区旅游业开发过程中,应对宗教朝圣客源市场给予高度重视,并应专门研究如何对这部分客源市场提供针对性旅游休闲服务，并进行针对性的市场营销。

3. 丰富游客的旅游活动

佛教是世界三大宗教之一，与基督教、伊斯兰教相并列，其在世界范围内具有重大影响。在我国，佛教的影响力很普遍，几乎全部汉族人都或多或少有一些佛教情结，佛教寺庙也遍布我国大江南北。因此，即使一般的游览观光或休闲度假游客，也会到寺院内拜拜佛、转转经纶，祈求平安。祈福朝拜几乎成了绝大多游客旅游过程中的重要内容，起到丰富游客活动和体验的效果。青藏地区藏传佛教寺院的商业化氛围相对较少、宗教环境纯洁、僧侣和善友好，因而游客中自发朝拜的人非常多。因为人祈福纳祥的心理是普遍的，所以现代许多地方在进行旅游开发过程中设置了形式多样、内容丰富的祈福纳祥旅游活动，包括喝圣水、吃五谷吉祥饭、活佛摸顶等，这些活动极大丰富了游客的旅游生活，强化了游客的精神寄托，已成为青藏高原旅游不可或缺的组成部分。

3.5.2 宗教朝圣旅游活动发展现状

1. 客源稳定且日益发展壮大

甘南草原区宗教朝圣旅游的一个重要特点是其客源比较稳定，其客源来源具有地域性特征，虽然现在客源来源的范围在扩大，但仍以本地信众为主。同其他旅游业形态不同，宗教朝圣客源不易受各种意外事件的影响，如2008年金融危机、"3·14事件"均没有对甘南草原区的宗教朝圣旅游客源产生太多影响。许多寺院的法会每年都有数万人参与，参会人员稳定。

除此之外，宗教朝圣游客的规模在日益壮大，这主要是由于以下三个方面的原因：

第一，随着交通条件的改善，人们的出游半径在扩大，许多藏族同胞除参加自己家附近的佛事活动外，还会附带观光休闲的目的，去更远的地方参加活佛讲法等佛事活动。

第二，外来游客的增多。以甘南草原为例，整个草原草原的游客量在逐年快速增加，其中相当一部分游客或参加法会等佛事活动，专程到一些寺院进行宗教朝圣。

第三，外来朝圣者数量增多。随着口碑宣传、媒体报道等，以及交通条件的改善，外界越来越多有佛教信仰的游客开始对藏区的宗教场所表现出浓厚的兴趣，其中一部分人开始践行其宗教朝圣之旅。

2. 客流分散、呈均匀分布状态

宗教朝圣游客比较分散，均匀分布在甘南草原的各个地区，这是由于甘南草原区到处都有藏传佛教寺院，每个寺院都有自己固定的信众。藏传佛教分格鲁、噶举、萨迦、宁玛这几个派别，藏区牧民会选择自己高度认同的佛教信奉，不同宗教派别都分别有自己的寺院。一些影响力大的宗教寺院也是非常知名的旅游景点，游客数量众多，法事活动的与会者也要多于其他影响力较小的寺院，但各个寺院的法时活动或在不同的时间举行，为信众的流动创造了条件；同时高僧活佛也会受不同寺院之邀请到不同寺院讲经说法，所到之处常常会吸引数万人不辞遥远前来听经。由于上述原因，宗教朝圣游客总体上在整个草原区呈均匀分布状态。

3. 各方重视、参与者数量众多

地方政府、各级部门、当地居民、旅游服务运营商、宾馆饭店经营者外来游客均对甘南草原区的宗教活动比较重视。地方政府、相关部门等将其作为一种独特的文化旅游资源及文化遗产进行看待，这十分有利于宗教文化旅游资源的保护及相关旅游活动的开展；当地居民将宗教活动视为生活的重要内容，参与度高；旅游运营商等将宗教活动视为良好的商机,并乘机借势摇旗呐喊,甚至打上宗教的旗号宣传促销;外来游客将宗教活动视为体验地方文化的重要机会,兴趣度高。由此可以看出,宗教文化旅游资源的存在,能满足各个方面的诉求,适应面广,社会支持率高,参与者数量众多。

4. 尊重自然,传播生态环保思想

藏传佛教主张万物有灵,众生平等,即使踩坏一棵草也认为是一种罪过。这种思想在当前时代具有非常突出的生态环保意义,而宗教朝圣旅游,可以使这些思想得以传递,宗教朝圣对待自然的态度可以影响其他普通游客,让大家共同来爱护自然、呵护生命,维护草原植被及生物多样性。在信奉藏传佛教的藏族人心目中,存在者对自然山水的敬畏,认为山有山神、水有水神,因而会以小心谨慎的态度来对待自然,这与眼下许多对自然掠夺破坏的行为相悖。在全球均十分重视可持续发展的大背景下,藏传佛教的生态伦理精神具有突出的现实意义,政府等相关部门应充分借助宗教朝圣旅游日益发展的东风,使这种可贵的生态伦理思想得以广泛传播。

3.5.3 宗教朝圣旅游活动中存在的问题

1. 处于简单自发的阶段

目前甘南草原区的宗教朝圣旅游处于简单自发状态,主要表现为以下几个方面:

第一,没有针对性的宣传营销。由于藏传佛教的严肃性和神圣性,以及国家的宗教政策,目前没有专门针对宗教朝圣旅游的宣传营销,相关营销渠道也不畅通。许多旅行社都仅仅将参观寺院作为整个旅游线路中的一个节点,这虽然对于大多数大众游客而言具有吸引力,但对于专门的宗教朝圣游客而言,吸引力是相当弱的。跟团旅游显然不能很好迎合宗教朝圣游客的需求，在这种情况下，大部分宗教朝圣游客或选择自发单独或结伴进入甘南草原区。甘南草原区藏传佛教寺庙众多，分布在不同地方，不同游客感兴趣的对象及朝圣目的地会有所不同，由于甘南草原区地域广阔、宗教寺庙分布分散，部分寺院的交通条件欠佳，自发的宗教朝圣者只能自驾或租车前往，增加了朝圣游客的经济成本及心理成本，这会将相当一部分游客拒之甘南草原区域之外。

第二，没有针对性的专项服务。在甘南草原区域，没有专门针对宗教朝圣游客的服务项目，且将其简单地等同于一般游客，而且在各个地方所制定的旅游规划中，也没有完全重视这一点。对于宗教朝圣游客而言，宗教活动、宗教体验，或与宗教相关的消费在其整个行程中占据非常重要地位，是其行程的主要组成部分，其虽然也会游山玩水、休闲娱乐，但宗教活动或与宗教有关联的活动在其心目中显得更加重要，因此其对旅游产品的需求也有其自身特征。在旅游服务方面，应在住宿、餐饮、交通等方面，面向宗教朝圣游客提供针对性服务，如在僧舍内住宿、食寺庙内斋饭，为宗教朝圣游客集中安排专门的交通车辆等。

2. 旅游业效益有待提升

由于针对宗教朝圣旅游的专项服务项目、服务设施、服务内容的缺失，使宗教朝圣旅游应有的经济效益没有得到充分发挥。部分近距离范围内的宗教朝圣游客自带帐篷和干粮，苦行僧般的进行朝圣，其消费额度很低，但这并不意味着其没有消费能力，若能针对这些人提供针对性服务，若利用沿途的宗教设施设斋饭服务点等，或直接在寺院内开展斋饭服务并适当收取费用，让他们与僧人一起共同用餐，必将能促进相关消费。部分外来宗教朝圣游客对常规性、大众化的休闲娱乐项目不感兴趣，但同时又没有其感兴趣的项目，致使其不愿意进行更多的休闲旅游消费。针对宗教朝圣旅游服务的提供及相关活动的开展需充分借助藏传佛教寺院的力量，发挥其影响力，并在不违背藏传佛教精神的前提下进行。

3. 商业化苗头开始显露

甘南草原区的藏传佛教寺院及相关宗教活动场所是一场神圣和严肃的，与其他地方的佛教寺庙相比，其宗教氛围更加突出，没有太多的商业气息，但在一些作为热点旅游区点的寺院，商业化苗头开始显现，若这种现象不加以制止，必将影响到这些藏传佛教寺院的形象及宗教朝圣旅游者的数量，甚至会影响外来游客对整个藏传佛教的态度。在一些藏传佛教寺院，游客人满为患，导游为了经济效益，带领游客走马观花，对游客所提出的与宗教知识相关的问题置之不理或敷衍了事，并通过各种办法诱导客人购物并从中提取回扣，甚至有些导游用宗教朝拜对象来吓唬游客让游客购买高价香火或一些祈福纳祥类用品，完全蔑视了佛教的基本精神和寺院的神圣性。在一些藏传佛教寺院，由于上述现象的存在，使一些宗教朝圣游客避而远之，选择去更加偏远、宗教本真性保留得更加完好的寺院朝圣。这种现象极不利于甘南草原区宗教朝圣旅游的发展，同时也会影响普通大众游客的满意度，应当及时加以制止和纠正。

3.6　其他专项旅游活动

3.6.1　主要专项旅游活动

另外在甘南草原区还有一些参与者人数较少的专项旅游活动，包括湿地观鸟、调研科考、绘画摄影、户外运动、野外宿营、骑马娱乐等。

（1）湿地观鸟。该海拔草原区有许多生态环境非常好的湿地，以甘南草原为例，其玛曲草原湿地是世界上保存最完整的自然湿地之一，特征明显，有最原始、最具代表性的高寒沼泽，泥炭储量丰富，达15.9亿立方米；玛曲湿地的生态价值突出，补充的黄河水量占黄河总水量的20%,被称为黄河的"蓄水池"和"黄河之肾"。许多珍禽在高原湿地上栖息繁衍,如玛曲湿地上有世界濒危野生动物黑颈鹤、白尾海雕等,其他禽类还有雪鸡、赤麻鸭、黑鹳、胡兀鹫、金雕、白天鹅等,是观鸟旅游爱好者热衷的观鸟旅游目的地。

(2)调研科考。大中院校的师生、科研院所的研究人员、其他相关科研人员等可在甘南草原区对湿地生态、气候变化、宗教文化、牧业生产、居民生活方式、旅游经济等进行科考调研。

(3)户外运动。甘南草原上拥有理想的开展户外徒步、草地越野、山地自行车,甚至滑翔伞等户外运动的条件。目前探险旅游发展状况较好,比较受相关专项游客的关注。

(4)野外宿营。可以通过野外宿营在草地上进行野外生存体验,甘南草原区地域空旷辽阔,比较适合自驾车旅游,可发展相应的营地。

(5)绘画摄影。甘南草原区拥有独特的大美风景,雪山、草地、藏寨、牛群是绘画摄影者理想的构图元素。

(6)骑马娱乐。骑马放牧是牧民的一种生活方式,草原上马匹数量多,且适宜策马奔腾,适合开展骑马娱乐旅游项目。

3.6.2 专项旅游业特征

1. 规模总量小

与游览观光旅游、休闲度假旅游相比,甘南草原区的专项旅游规模总量相对较少,主要表现为:

第一,参与者数量少。专线旅游参与者的数量相当有限,虽然大部分观光游客及度假游客也对湿地观鸟等专项旅游活动感兴趣,但真正完全参与的却并不多,这主要是由于大部分专项旅游的专业性较强,需具备一定的基础,非专项旅游者的兴趣度并不十分突出。

第二,相关性服务少。甘南草原区的专项旅游活动场所及相关服务非常稀缺，部分地方甚至是空白。如玛曲贡赛尔喀湿地及采日玛灌丛湿地具有非常好的观鸟旅游条件，但却没有任何观鸟设施及相关服务。

2. 宣传效应好

虽然专项旅游的参与者人数非常少，但是这些旅游的宣传效应很好。如观鸟旅游，鸟类多、观鸟条件好，说明所在区的生态条件非常优越，这在生态旅游受欢迎的眼下，对旅游目的地是一种很好的宣传；再如摄影旅游，摄影者拍摄的照片一般富有艺术感染力，照片在网络、期刊等上面发表之后，往往会使许多潜在游客对照片上所反映的景观向往。一般情况下，具有开展专项旅游优越条件的地方，说明其在某一个方面富有特色，对专项旅游圈子内及圈子外的人均会产生感召力。甘南草原旅游区应当重视专项旅游活动的宣传效应，并通过邀请专项旅游者采风体验、举办专项旅游活动等方式传播旅游区的形象。

3. 专业性突出

在专项旅游活动中，分专业门槛较高的专项旅游活动和专业门槛较低的专项旅游活动。对于前者，只有那些非常专业的人士才可以参与，如由国际探险组织组织的探险活动等；对于后者，则普通人或稍经过专门训练的人均可参与，如许多山地型景区开发的软探险旅游。除骑马娱乐专项旅游活动之外，甘南草原区专项旅游的专业门槛一般都比较高，只有那些非常专业的人士才能参与。正因为其专业性强，所以其吸引力也比较大，但由于许多人不具备参与的基本条件，所以参与者数量较少。

4. 部分专项旅游活动有环保促进作用

有些专项旅游活动本身需要特别好的生态环境，其专项活动的开展需要以生态环境保护为前提，如湿地观鸟旅游便是如此。再如科考旅游，其本身能发现与生态环境保护有关的科学问题，其科研成果运用于生态保护实践后将会产生很好的生态效应。

3.6.3 专项旅游发展中存在的问题

1. 受重视程度不够

由于专项旅游的参与者人数少，经济效益有限，所以政府、旅游运营商等对其重视程度不够，忽视了专项旅游活动在提升旅游目的地品味，提升旅游目的地形象方面的作用。应当鼓励区域内部民间专项旅游组织的成长，并给予其必要的支持；积极主动与相关专项旅游活动协会及组织联系，吸引专项旅游者的进入；在进行区域旅游规划、开发的过程中，应给专项旅游的发展预留空间；在举办赛马会、香巴拉旅游文化节等节庆活动时，辅助开展骑马娱乐、绘画摄影等专项旅游活动。

2. 相关服务较欠缺

甘南草原区与专项旅游活动相关的服务比较欠缺，表现在以下两个方面：

第一，专项旅游服务人才短缺。专项旅游活动的开展需要专业的旅游服务人才，如观鸟旅游，需要服务工作人员懂鸟的种类、习性，分辨各种鸟的叫声，掌握引鸟的技巧等，但甘南草原区这方面的人才还比较缺乏。

第二，缺少成熟的专项旅游活动场所。以玛曲草原为例，虽然具备很好的开展观鸟、户外探险等专项旅游活动的良好条件，但截至目前没有开发出相应的旅游活动场所，对专项旅游资源没有进行充分利用。

3. 缺乏大众可参与的专项旅游活动

如前文所述，专项旅游活动分专业门槛高的和专业门槛低的，可供大众参与的专项旅游活动，其专业门槛一般比较低。甘南草原区域远离主要旅游客源市场，同时其自身的游客产出能力又比较低，与东部等地相比,甘南草原区的游客总量非常少,门槛较高的专业性专项旅游活动的开展受相关游客数量的限制,这也是甘南草原区拥有较好的专项旅游资源,但专项旅游活动滞后的原因,因此可尝试开展专业门槛较低的专项旅游活动,但这样的可供大众参与的专项旅游服务在甘南草原区也仍然比较缺乏。

3.7 各种旅游活动之间的关联性分析

3.7.1 各旅游活动之间关联性分析方法

游客在甘南草原旅游过程中,往往不会单独进行某一项旅游活动,但一般也不会参与每一项旅游活动;不同类型的游客,在选择参与旅游活动时也会表现出一定的规律。在一定程度上某一种旅游活动会成为另一种旅游活动的辅助活动,或者某一种旅游活动是另一种旅游活动的诱因,或两种旅游活动会相伴而生。因此不同旅游活动之间会有一定的关联性。

甘南草原的主要旅游活动包括游览观光旅游活动、民俗体验旅游活动、休闲度假旅游活动、节庆旅游活动、宗教朝圣旅游活动、专项旅游活动。构造各旅游活动之间两两相比的判断矩阵,在实地调研期间,请熟悉情况的专家共10人对各旅游活动之间的相关性进行判断,并采用5度标度进行定义,5表示关联性很强,4表示关联性较强,3表示关联性强,2表示关联性一般,1表示关联性较弱。然后对每一项旅游活动同其他旅游活动的关联性评价值求和,得到该项旅游活动同其他旅游活动关联性的综合型评价值。

3.7.2 各旅游活动之间关联性分析结果

各旅游活动之间的关联性分析结果如表3-7所示。

表3-7　　　　　　　各旅游活动之间关联性判断矩阵

活动种类	游览观光	民俗体验	休闲度假	节庆活动	宗教朝圣	专项旅游	综合关联度
游览观光		3	3	3	5	1	15
民俗体验	3		3	5	4	2	17
休闲度假	3	3		4	2	1	13
节庆活动	3	5	4		5	1	18
宗教朝圣	5	4	2	5		3	19
专项旅游	1	2	1	1	3		8

由表3-7和图3-1可以看出，民俗体验的综合关联度最高，其他旅游活动的综合关联度由高到低依次分别是：游览观光、节庆活动、宗教朝圣、休闲度假、专项旅游。由综合关联度可以看出，文化旅游资源是甘南非常重要的旅游资源，宗教场所在甘南草原上广泛分布，也是其他类型游客必不可少的旅游活动内容；近些年来，节庆活动已成为甘南草原上吸引游客最多的旅游活动，参与节庆活动的游客会同时参与其他旅游活动。旅游活动同其他旅游活动之间的综合关联度高说明该旅游活动作为其他旅游活动的辅助活动，或充当其他旅游活动诱因的可能性较大。

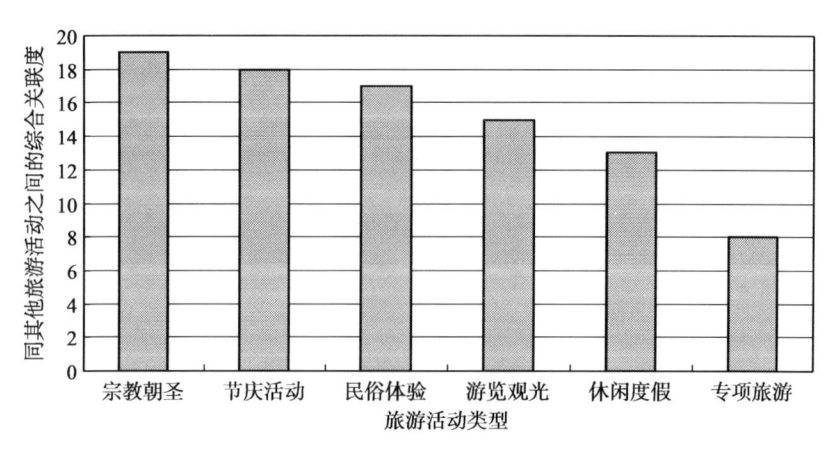

图3-1　各旅游活动同其他旅游活动之间的综合关联度

第 4 章

甘南草原区旅游活动的生态影响分析

4.1 旅游活动生态影响评价指标

所选择的旅游活动环境影响评价指标包括:各旅游活动中平均每位游客活动所影响的草地面积、平均每位游客活动对草地的影响强度、人均垃圾产生量、人均污水排放量、游客的环保意识、游客所获得的环境教育等。

1. 平均每位游客活动所影响的草地面积

甘南草原旅游区,草地是最为重要的生态构成要素,支撑着旅游生产、生态保育、牧业生产等重要功能。对草地的破坏就是对甘南草原区自然生态最大的破坏。在相同影响程度下,平均每位游客活动所影响的草地面积大,则说明草地资源的受影响程度高,反之亦然。

平均每位游客活动所影响的草地面积的衡量方法为:以研究案例地点的受游客活动干扰的草地总面积除以旅游高峰期游客人数得到。

2. 平均每位游客活动对草地的影响强度

平均每位游客活动所影响的草地面积与平均每位游客活动对草地的影响强度共同影响旅游活动对草地生态的干扰程度。若人均旅游活动影响的草地面积大，但影响强度却不高，则旅游活动对草地生态的综合影响也可能较小；反之，若人均旅游活动影响的草地面积小，但影响强度却很高，则旅游活动对草地生态的综合影响也可能较大。

平均每位游客活动对草地的影响强度为：以研究案例的地点每年因游客活动而减少的草丛生物量除以游客总量得到每位游客所造成的生物量减少情况，然后根据研究案例地点未受干扰破坏草地的草丛生物量情况计算每位游客所造成的生物量减少量需要多大面积的未受干扰破坏草地来生产提供，然后用该面积来作为平均每位游客活动对草地影响强度的衡量值。

3. 人均垃圾产生量

垃圾是草地上的重要污染源。游客所产生的垃圾若焚烧，则会产生大气污染，若掩埋，则需要占用草地，若随处乱丢，则会污染环境和影响草丛生长。因此人均垃圾产生量是旅游活动环境影响评价的一项重要指标。

不同旅游活动的人均垃圾产生量通过在研究案例点的实地调查观测获得。

4. 人均污水排放量

生活污水指人们日常生活中的洗涤废水、厨房废水和厕所污水等，生活污水多呈弱碱性。由于生活污水富含有磷以及其他一些有害物质，若排放到草地上，会促进某些草种的生长而抑制另一些草种的生长，会破坏草地的生态结构；污水排入水体可消耗水中大量溶解氧，使水体出现缺氧现象，产生硫化氢毒气。

不同旅游活动的人均污水排放量通过在研究案例地点的实际调查观测获得。

5. 游客环保意识

参与不同类型旅游活动游客的个性偏好、环境态度可能会有所不同,因而其环保意识会有所差异。若游客拥有非常强烈的环保意识,则不但能自己约束旅游行为、采取环保行动,还能影响其身边的人,从而可以减轻对环境的负面影响。在具体评价过程中,将游客的环保意识分为"非常强、较强、一般、较差、非常差"五个级别。

不同旅游活动中游客的环保意识状况通过在相应研究案例地点的实际访谈获得。

6. 游客所获得的环境教育

有些旅游活动可使游客获得环境教育,但有些旅游活动的环境教育功能较弱。环境教育功能也是衡量旅游活动环境影响的一项指标,若能通过旅游活动对游客进行环保教育,约束其环境不友好行为,则也会产生积极正面的生态环境效应。在具体评价过程中,以旅游活动的环境教育功能作为衡量指标,并将旅游活动的环境教育功能分为"非常强、较强、一般、较弱、非常弱"五个级别。

不同旅游活动的环境教育功能通过在相应研究案例地点的实际观察访谈获得。

4.2 游憩观光旅游活动的生态影响评价

4.2.1 评价结果

以甘南玛曲草原贡赛尔喀木道为例,来分析评价甘南草原区游览观光旅游活动的环境影响，如表 4 - 1 所示。

表 4 - 1　　　　　　　游览观光旅游活动的环境影响

评价指标	平均每位游客影响的草地面积	平均每位游客对草地的影响强度	人均垃圾产生量	人均污水排放量	游客环保意识	旅游活动的环境教育功能
评价值/评价结果	160 平方米	3 平方米	0.25 千克	0 千克	一般	较弱

通过在玛曲草原贡赛尔喀木道的实际调查研究发现，在游览观光旅游活动中，平均每位游客影响的草地面积为 160 平方米，平均每位游客所造成的草丛生物量损失需要 3 平方米的正常草地来生产提供，人均垃圾产生量为每客 0.25 公斤，基本不产生污水排放，游客的环保意识一般，旅游活动的环境教育功能较弱。

4.2.2　原因分析

（1）自然美景是可再生旅游资源，游客远距离观景不直接造成观赏对象的生态破坏。甘南草原区旅游观景的特征为：游客身处一个地点，观赏别处的美景，因此游览观光并不对观赏对象造成干扰，而对观景活动区的生态造成干扰，主要表现为游客活动践踏草丛，经常受践踏的草地会慢慢出现地表裸露现象。由于甘南草原区游览观光的这一特征，就有可能将游客的活动限制在特定范围和特定线路上，减少其活动范围；但目前观景点的运营者并没有对游客的活动范围进行约束和限定，仍处于粗放经营的阶段。随着后续相关措施的到位，甘南草原区游览观光旅游活动中，平均每位游客影响的草地面积以及平均每位游客对草地的影响强度还有很大的下降空间。

（2）许多甘南草原区的观景点没有水冲厕所等基础设施，基本不产生污水排放。由于基础设施的滞后，也降低的旅游活动对生态环境的负面影响。这对后续旅游开发的启示是:甘南草原区应以生态旅游为发展方向,而生态旅游就应当向游客提供尽可能简单的设施,以达到减少污染排放及碳排放的目的。

(3) 游客均为匆匆过客,观景点的生态环境演变与其自身利益不相关。大部分观光游客都是草原上的匆匆过客,其只在乎和享受眼前的美景,由于没有更多的利益相关性,其对观景点草地生态环境的未来变化漠不关心;其只要求自己跟自然环境最大限度的亲近,而不过分注意自身行为对生态环境所造成的影响。这对后续旅游开发的启示是:可以适当采取奖惩措施,让游客的环境行为与其自身利益发生关系,督促游客环保意识的提升。

(4) 观景点开发运营者过分注重经济利益,不重视对游客的环境行为进行约束。与其他地方的旅游经营者一样,甘南草原区观光旅游点的经营者也存在一味迁就游客,容忍游客环境不友好行为,甚至刻意迎合游客不良偏好的现象,根本没有对游客进行环保宣传教育的意识。在所选择的研究案例点没有任何标识标牌提醒游客要爱护环境。但部分游客在原生态自然美景的激发和感召下,也会自然而然萌发出一些生态环保念头。总体上看,甘南草原区游览观光活动的环境教育功能较弱。这对后续旅游开发的启示是:政府管理部门应将环境宣传教育作为每个观景点旅游经营应尽的义务来进行督导,完善观景点的提示、告诫性标示系统,并通过售票员、讲解员等来实现旅游观景点的环境宣传教育职能。

4.3 民俗体验旅游活动的生态影响评价

4.3.1 评价结果

以甘南桑科草原当巴牧家乐为例,来分析评价甘南草原区民俗体验旅游活动的环境影响，如表4-2所示。当巴牧家乐的生产、生活方式，建筑、饮食均完整地保留了藏族习俗，游客可以完整感受到传统藏家文化，文化体验性较强。

表4-2　　　　　　　民俗体验旅游活动的环境影响

评价指标	平均每位游客影响的草地面积	平均每位游客对草地的影响强度	人均垃圾产生量	人均污水排放量	游客环保意识	旅游活动的环境教育功能
评价值/评价结果	60平方米	0.4平方米	1.2千克	25千克	较强	较强

通过在甘南桑科草原当巴牧家乐的调查发现，在民俗体验旅游活动中，平均每位游客影响的草地面积是60平方米，平均每位游客对草地的影响程度为0.4平方米，人均垃圾产生量为1.2千克，人均污水排放量为25千克，游客环保意识较强，旅游活动的环境教育功能也较强。

4.3.2　原因分析

（1）依托已有的生产生活场所开展旅游活动。牧家乐等形式的民俗体验旅游依托已有生产生活场所开展，不额外占用太多草地资源，游客以牧家乐为中心活动，活动范围有限，对草地生态的影响较小。当巴牧家乐用自己家的四间房接待人，用自己家的厨房为客人做饭，由于接待的房间每间只有十平方米左右，旅游接待没有额外占用草地资源。这对后续旅游开发的启示是：应尽可能利用草原上已有的生产生活设施形成旅游接待能力，一方面减少旅游开发对草地资源的占用，另一方面使旅游接待保持弹性，克服淡季设施闲置，旺季设施短缺的问题。

（2）接待量小，不会对草地造成根本性破坏。以牧家乐为主要形式的民俗体验接待量小，如当巴牧家乐的正常接待量只有几人。这些民俗体验性游客也会进入草地从而对草地造成轻微的干扰，但由于进入草地的人数少,草丛虽然也会受影响,到基本上不会导致生物量的减少,对草地的根本性破坏只出现在道路的沿线,由于行走的人多了之后,道路会适当拓宽,草地的受影响程度会有所加大。这对后续旅游开发的启示是:甘南草原旅游区的民俗体验旅游,适合采用小规模的分散模式,这样既能让游客体验到原真性民俗,又能减少对自然生态的干扰。

(3) 生活方式简单,垃圾废物排放量小。草原牧民的生活方式比较简单,不会产生太多的垃圾污水排放,也不会消耗太多的能源,属于一种典型的低碳生活方式。如当巴牧家乐屋舍建造简陋、生活用具单调、生活方式生态。这对后续民俗体验旅游开发的启示是:应当大力提倡和传播低碳旅游理念,反对奢华旅游、浪费旅游、高消耗旅游;同时阐释藏族传统生活方式对自然生态所做出的贡献,让游客充分理解、尊重藏族的传统文化。

(4) 牧民十分爱护草地资源,游客会耳濡目染。当地牧民均在自家草地周围围上了铁丝网,外来游客无法随意进入,从而使游客的活动范围受到了约束。有时甚至会有当地牧民亲自看护自己家的草地,以防止游客翻铁丝网进入。当地牧民对自然的尊重、对草地的爱护情结,以及认为万物有灵、朝圣自然的心理常常会让游客感动,从而使游客也自觉的爱护草地,爱护自然。这对后续文化体验旅游的启示是:让游客和当地居民进行充分交流,让当地居民的生态思想影响游客,让游客自觉接受环保教育,提高环境保护意识。

4.4 休闲度假旅游活动的生态影响评价

4.4.1 评价结果

以甘南玛曲草原黄河第一弯度假村为研究对象,来分析甘南草原区休闲度假旅游活动对草地环境的影响，如表 4-3 所示。黄河第一弯度假村在尼玛镇附近，濒临黄河，共有四家独立的经营主体，但服务内容雷同，以餐饮、住宿为主要服务内容。

表 4-3　　　　　　　　休闲度假旅游活动的环境影响

评价指标	平均每位游客影响的草地面积	平均每位游客对草地的影响强度	人均垃圾产生量	人均污水排放量	游客环保意识	旅游活动的环境教育功能
评价值/评价结果	230 平方米	6.5 平方米	1.8 千克	30 千克	较差	非常弱

根据在玛曲黄河第一弯度假村的调查发现：在休闲度假旅游活动中，平均每位游客影响的草地面积是 230 平方米，这一指标高于游览观光旅游活动，也高于民俗体验旅游活动；平均每位游客对草地的影响程度为 6.5 平方米，仍然处于较高水平；人均垃圾产生量为 1.8 公斤，人均污水排放量为 30 公斤；在休闲度假过程中，游客的环保意识较差，旅游活动的环境教育功能非常弱。

4.4.2　原因分析

（1）休闲度假设施以固定建筑为主，且闲置率高。甘南草原区旅游淡旺季明显，休闲度假设施每年大部分时间闲置，但通过观察黄河第一弯度假村的设施发现，大部分建筑均为钢筋水泥结构的固定建筑，其外形有些类似帐篷，因此这些休闲度假设施要长时间占用草地。由于这些休闲度假场所对外来游客并没有太大吸引力，所以消费者以尼玛镇居民及周边一些经济条件好的牧民为主，消费者数量有限，即使在旅游旺季，除周末及节假日外，休闲度假设施的利用率并不高。这对后续旅游开发的启示是：应改变当前建造固定建筑的做法，在休闲度假服务过程中，多采用草原上传统的帐篷，其好处是不对草地造成根本性破坏和永久性占用，旅游旺季期间可撤出以恢复自然草地的原貌，这可在一定程度上克服旅游淡季较长的缺陷，也可以进一步突出休闲度假服务设施的草原性特色，增强吸引力。

（2）经营者追求设施的规模档次。为了增强吸引力，在周末及节假日最大限度的接待顾客，并提升服务价格等目的，并出于各经营个体之间相互竞争攀比的考虑，休闲度假村的经营者都在盲目提升设施的规模档次，以至于餐厅越来越大、越来越豪华，草地上的相关设施越来越多，最终结果是提高了对草地资源的占用度，增加了能耗以及度假村的运营成本及维修保养成本，也加大了休闲度假旅游活动的生态干扰。这对甘南草原区休闲度假旅游业后续开发运营的启示是：各个经营个体之间应突出特色，塑造自己的个性，并培育自己的细分客源市场，而不是低水平雷同性攀比竞争，以至于造成许多不必要的投资浪费以及对草地生态环境的不必要干扰。

（3）对环境的改造程度高，草地的生态氛围被破坏。除了玛曲黄河第一弯度假村的调查，笔者对桑科草原的度假村也进行了调查，发现这些度假村存在一种一致的现象：即对草原生态环境的改造程度高，表现为建筑密度大、建筑体量大、建筑风格与草地环境不协调等，使甘南草原区特有的生态环境氛围受到了破坏。游客在这种环境下自然不会有太多的草地环境保护意识，休闲度假旅游活动全部在传达一种休闲娱乐及享受的主题，几乎没有发挥任何对游客进行环境宣传教育的职能。这对休闲度假旅游业后续开发的启示是：各个休闲度假经营店在建设之前，应制定严格的控制性规划提交旅游管理部门审核，以控制建筑密度、建筑高度、建筑体量及建筑风格，已更多的展示草原特有的生态环境，激发游客对环境的热爱，进而增强环境保护意识，然而这个环节和程序在休闲度假旅游接待点开发建设过程中普遍缺失；同时，应在休闲度假旅游服务中穿插环境宣传教育内容，主要应通过服务人员及标识标牌的提示来完成这一任务。

（4）休闲度假生活方式有城镇化趋势。休闲度假村的生活方式、服务内容有城镇化趋势，而城市化生活具有垃圾污水排放量大，能耗高的特点，这势必会为草原生态造成较大的压力；另外城镇化趋势也使度假村自身失去了特色和应有的吸引力，因为游客到自然环境中就是想体验一种与城市不一样、自然气息浓厚的生活方式，而度假村开发建设及服务内容的城镇化与游客的愿望相悖，这种类型的度假村对于外地进入的游客而言，吸引力则更加缺乏。这对甘南草原区后续休闲度假旅游开发经营的启示是：应该对休闲度假村的投资经营者进行相关培训，必要时组织其外出学习，提升其认识水平及经营理念，让其认识到自然的、生态的才是有吸引力的；低碳旅游消费是当前的一种旅游消费趋势，在甘南草原区这样特殊的地区不应该摒弃低碳旅游理念，而采用生态压力大、吸引力缺乏的现代城市化运营服务方式。

4.5 节庆旅游活动的生态影响评价

4.5.1 评价结果

以玛曲格萨尔赛马大会为研究对象，对甘南草原区节庆旅游活动的环境影响状况进行分析，如表4-4所示。玛曲格萨尔赛马大会主办单位层次高、参赛人数多、社会影响力大，以成为甘南草原上非常重要的旅游节庆活动之一。

表4-4　　　　　　　节庆旅游活动的环境影响

评价指标	平均每位游客影响的草地面积	平均每位游客对草地的影响强度	人均垃圾产生量	人均污水排放量	游客环保意识	旅游活动的环境教育功能
评价值/评价结果	12平方米	0.2平方米	0.5千克	0千克	较差	较弱

根据针对格萨尔赛马大会的调查发现,在节庆旅游活动中,平均每位游客影响的草地面积为12平方米,平均每位游客对草地的影响强度为0.2平方米,人均垃圾产生量为0.5千克,基本不产生污水排放,游客环保意识较差,旅游活动的环境教育功能较弱。总体来看,节庆旅游活动的负面环境影响相对较小。

4.5.2 原因分析

(1) 客流集中程度高。在节庆活动期间,比赛、表演等活动内容将与会者凝聚在一起,使客流在空间范围内高度集中,从而减少了平均每位游客影响的草地面积。节庆活动常常以文化为消费内容,不对自然环境进行过多的消耗。节庆活动所需的永久性建筑设施少,不会对草地空间造成太多的建设占用。这对甘南草原区后续旅游开发的启示是:挖掘甘南草原区的文化旅游资源,围绕文化现象制造可供许多人参与的事件;充分利用文化景观、文化场所进行文化性旅游接待;凸显旅游的文化特色和内涵,降低对自然环境的占用和干扰。

(2) 物质消费行为少。节庆旅游活动一般以文化现象、活动或景观为主要吸引物,游客主要进行文化感受、体验和参与,对自然物质资源的占用和消耗较少,这是导致节庆旅游活动自然生态影响较少的原因之一。节庆旅游活动往往每年举行一次,一般每次只需要数天的时间,虽然举办节庆活动期间,在也会对草地生态造成破坏,但在节庆举办时间之外,还有许多适宜草丛生长的时间供草丛生长恢复。成功的节庆活动往往能够撬动客源、刺激消费。这对甘南草原区后续旅游开发的启示是:一些文化内涵深厚、社会群众基础好的节庆活动会产生较好的旅游吸引力,甘南草原区不同地区应将一些有潜力的节事活动培育成特色鲜明,同其他地区有差异的旅游性节庆活动,发展节庆经济。

(3) 节庆活动一般在公共场合举行,参会者对公共空间的爱护程度不够。甘南草原区的草地现在基本上均已承包到户,各户牧民对其拥有使用权和管理权,一般对于自家的草地,牧民会倍加爱护。但节庆活动一般会在公共草地或其他公共空间举行,因而常常会发生"公地悲剧"效应,根据观察发现,与会者对公共场所生态环境的爱护意识明显不足,甚至存在部分参与者刻意破坏草地的现象。这对甘南草原区后续旅游开发的启示是:在节庆活动举办期间,应加强公共空间生态环境管理,并出台破坏罚款等规定并示范性的执行;应设置对与会者心理有影响的环保提示标牌,如玛曲赛马会期间可利用藏族信仰虔诚的心理,在环保提示性标牌书写:"我们为了纪念格萨尔王在此举行格萨尔赛马大会,因此这里是格萨尔王圣地,请爱护环境,破坏环境的行为将受到神的惩罚"等。

(4)政府部门比较重视会后的生态环境修复。一些节庆活动会每年重复在同一个地方进行,为了维护节庆活动举办地的环境景观,培育节庆活动的持续性吸引力,政府会投资对节庆期间受破坏的草地进行人工修复,如玛曲县就通过移植草皮的办法对赛马会期间破坏的部分草地进行修复,以便来年赛马场场地及周边仍然能够绿草茵茵,实施证明,这一措施能够收到非常良好的效果。一些政府部分甚至尝试在举办节庆的草地周围种植树木,并采取人工养护的办法让其成长,虽然甘南草原区的许多地方不适合树木生长,但在人为作用下,这些树木也能够成活。这对甘南草原区后续旅游开发的启示是:应重视和发挥政府部门在草地生态环境保育中的管理、号召、投资、修复作用。

4.6 宗教朝圣旅游活动的生态影响评价

4.6.1 评价结果

以夏河县甘加草原白石崖溶洞为例来分析宗教朝圣旅游活动对草地

生态环境所造成的影响,如表4-5所示。夏河甘加草原白石崖洞距离拉卜楞寺较近,是莲花生大师曾经闭关修行的山洞,莲花生大师是藏传佛教格鲁派创始人宗喀巴的老师,因而在藏传佛教中拥有非常崇高的地位。十世班禅大师、六世贡唐大师都曾朝拜过白石崖山洞。1962年曾有两只豹子出洞,证明洞内有猛兽动物生存,但从未发生伤人事件。由于白石崖山洞宗教地位较高,且距离拉卜楞寺较近,因而有许多信徒经常来此处朝圣,其中包括许多从外地专程赶来进行宗教朝圣的信徒,但大众观光游客很少进入,是一处典型的宗教朝圣旅游目的地。

表4-5　　　　　　宗教朝圣旅游活动的环境影响

评价指标	平均每位游客影响的草地面积	平均每位游客对草地的影响强度	人均垃圾产生量	人均污水排放量	游客环保意识	旅游活动的环境教育功能
评价值/评价结果	3平方米	0.2平方米	0.1千克	0千克	很强	较强

根据在白石崖山洞周围的调查发现,宗教朝圣旅游活动平均每位游客影响的草地面积为3平方米,平均每位游客对草地的影响强度为0.2平方米,人均垃圾产生量为0.1千克,基本不产生污水排放,游客的环保意识很强,旅游活动的环境教育功能较强。综合比较游览观光、民俗体验、休闲度假、节庆活动、宗教朝圣这几种旅游活动方式,发现宗教朝圣旅游活动的环境负面影响最小。

4.6.2　原因分析

(1)宗教遗迹是主要旅游吸引物,朝圣为游客的主要活动。甘南草原区与宗教相关的场所很多,其中绝大部分都是历史时期形成的。宗教朝圣旅游以宗教遗迹、宗教场所为主要旅游吸引物,不需要占用自然环境新建旅游设施、开辟旅游场所,因而对自然环境的影响面积不会太大。另外，朝圣游客的主要活动为礼佛朝圣，需求相对简单，不需要太多的服务设施及其他休闲娱乐设施和场所，不会排放太多废物垃圾，并且基本上不消耗能源。根据观察平均每位游客在白石崖的逗留时间为1小时左右，且活动范围很小，不会践踏太多的自然植被。这对甘南草原区后续旅游开发的启示是：宗教朝圣旅游是一种环境友好型旅游活动，宗教朝圣者的进入会带动宗教朝圣点周围餐饮、住宿、购物等相关服务业的发展，在影响力大的宗教遗迹、场所，应对宗教朝圣旅游活动给予重视。

（2）宗教圣地，游客自觉约束自身行为。在宗教圣地，游客往往会十分注意自己的行为聚集，并使自己的行为与藏传佛教精神相符合。藏传佛教认为草木也是有生命的，不能毁坏，这十分有利于宗教朝圣点生态环境的保护。由于宗教朝圣点在宗教朝圣游客心目中是十分神圣的地方，即使一般游客也会心存敬畏，因而不会随意丢弃垃圾、随地吐痰、随手攀折灌木，更不会无所顾忌的嬉闹，因而减少了对自然生态的干扰。这对旅游业后续开发的启示是：用宗教精神及宗教信仰来约束游客的环境行为是十分有效的，在甘南草原区，藏传佛教的影响是普遍的，在藏族人心目中，几乎这里的一切都与宗教有关，因此在环境管理中，应充分利用宗教的这种影响力，以及游客对宗教敬畏的心理，来达到环境管理的目的。

（3）藏传佛教有较强的环保教育功能。藏传佛教敬畏自然山水，主张人与自然和谐，这对游客有很好的环保教育效果，有助于游客生态环保理念的构建。藏传佛教的这些环保精神可以通过宗教朝圣旅游活动、宣传解说、感召影响等得以传播，可以使游客思考自己的行为是否正确合适。这对甘南草原区后续旅游开发的启示是：应充分诠释、传播藏传佛教中的生态伦理精神，并说明其正确合理性，扩大这一精神的环保教育效应。

（4）宗教朝圣游客的数量相对较少，且陆续性、分散性地前来朝圣。与游憩观光游客、休闲度假游客的数量相比，宗教朝圣游客的数量相对较少，不同宗教朝圣游客在白石崖山洞的宗教朝圣时间分布在全年，甚至是在寒冷的冬季，因此同一时段内白石崖山洞附近聚集的游客不会太多，不会因游客量超载造成自然植被的毁灭性破坏。这对甘南草原区后续旅游开发的启示是：应对客流进行适当的分流，特别是时间段的分流，避免局部地点游客量超载而对生态造成无法修复的破坏。

4.7 其他专项旅游活动的生态影响评价

4.7.1 评价结果

各种专项旅游在甘南草原区也零星存在，但大部分专项旅游目前成熟度不够，主要表现为参与的游客数量少，没有形成固定的专项旅游接待点，如在甘南草原上也存在湿地观鸟、野外宿营、摄影绘画等专项旅游活动，但无法找出专门针对专项旅游提供服务的旅游接待点，因而为实际调查研究带来了困难。碌曲的尕海属于国家级自然保护区，国家投资建设了主要用于科研的鸟类观测站，也建立一些观鸟设施，但进入的大部分游客还是游览观光型游客，真正的观鸟者寥寥无几，因而旅游对生态环境的干扰仍然是由游览观光旅游活动造成的。

鉴于以上状况，本研究采用经验判断的办法，请相关人士（包括尕海景区工作人员、专项旅游游客、专项旅游爱好者、地方旅游局知情人士等）对各专项旅游活动的生态干扰进行主观定性判断（见表4-6），然后再进行定量转换来分析评价各专项旅游活动对自然生态环境所造成的干扰。具体评价方法为，将"平均每位游客影响的草地面积、平均每位游客对草地的影响强度、人均垃圾产生量、人均污水排放量"这四项评价指标的判断值由大到小、由多到少分为A、B、C、D、E五个级别，将"游客环保意识、旅游活动的环境教育功能"这两项评价指标由弱到强依次分为 A、B、C、D、E 五个级别,请评价者从中选择适合项,由于同一项评价指标会请多人评价判断,取入选率最高的选项为该指标的最终判断值;然后将 A 的分值设为 5 分、B 为 4 分、C 为 3 分、D 为 2 分、E 为 1 分,综合计算出各专项旅游活动的环境影响综合分值,分值高表示该项旅游活动对生态环境的影响大、分值低则表示影响小。

表 4-6　　各种专项旅游活动的环境影响

评价指标	平均每位游客影响的草地面积	平均每位游客对草地的影响强度	人均垃圾产生量	人均污水排放量	游客环保意识	旅游活动的环境教育功能	综合分值
湿地观鸟	C	C	D	D	E	E	12
调研科考	D	D	E	E	E	E	8
户外运动	B	B	D	C	D	D	17
野外宿营	A	B	B	B	C	C	23
绘画摄影	C	D	E	D	D	D	12
骑马娱乐	A	B	C	C	D	D	19

调查结果显示,第一,调研科考专项旅游活动的生态环境影响最小;第二,是湿地观鸟与绘画摄影旅游活动;第三,户外运动专项旅游活动;第四,骑马娱乐专项旅游活动的生态环境负面影响较大;第五,野外宿营活动的生态环境负面影响最大。

与游览观光、休闲度假等旅游活动方式相比,并总体综合衡量,各专项旅游活动对甘南草地的生态影响相对较小。

4.7.2 原因分析

(1) 调研科考旅游本身肩负生态环保任务。参与调研科考的人一般素质较高,生态环保意识较强,其中相当一部分调查研究内容本身与生态环境质量直接相关,这部分旅游活动者对环境比较友好,并且能通过发表意见和评论影响其他人的环境行为。调研科考旅游参与人员少，科考项目对活动地点有明确的要求，一般不会涉及太大的范围。这对甘南草原区后续旅游开发的启示是：积极利用调研科考人员的评论及建议提升其他游客的环保意识，开展一些大众游客可参与、环境教育意义突出、体验性强的科考型旅游活动，一方面进行环保宣传教育，另一方面丰富草原旅游活动，用环境影响小的旅游活动来代替环境影响大的旅游活动。

（2）湿地观鸟旅游属于深生态旅游活动方式。鸟类的存在需要以良好的自然生态条件为前提，因此观鸟旅游者对待自然环境的态度十分谨慎，环保意识强。但观鸟旅游者需要具备一定的基础知识，普通大众游客难以深入参与这一活动。因此应在相关旅游区点多介绍与鸟类相关的知识，观鸟的基本常识，并出租必要的观鸟设备，引起更多的人对这种深生态旅游方式产生兴趣，激发其热爱自然、保护环境的心理情绪，多参与环境友好型旅游活动，减少对环境影响较大的旅游活动。

（3）绘画摄影旅游重视自然景观的原生完好性。对于甘南草原区绘画摄影专项旅游者而言，原生性的自然环境使其追求和利用的对象，因而这部分更加珍惜自然生态美，不对其刻意进行破坏，绘画摄影旅游者人数少、活动范围较小。绘画者的写生对象常常是一些寺院的壁画、宗教建筑景观及甘南草原区淳朴的居民，在纯自然生态区的活动相对较少。甘南草原区的自然及人文景观是许多摄影爱好者梦寐以求的，在甘南草原区后续旅游开发中，可以借鉴其他旅游目的地的做法，选择比较好的自然审美角度，专门设立摄影点，培育和扩大绘画摄影专项旅游市场。

（4）户外运动以自然环境为活动空间，会产生一定的生态影响。甘南草原区的户外运动以开阔的草地的天然运动场，具有活动范围大、活动强度高的特征，因而对自然生态的影响也相对较大；但由于参与者数量少，其对草地生态的影响大部分在草地的可承受范围之内。由于户外运动者在草地上处于放任状态，因而是否具有较强的环保意识对于降低参与者的环境影响至关重要，因此实现对户外运动参与者进行生态环境教育非常必要。户外运动本身有很多种类型和形式，应当在甘南草原区开展生态环境影响小的户外运动类项目。

（5）骑马娱乐活动往往有固定的线路，且参与者相对较多，对自然生态的影响强度较高。游客的骑马娱乐活动常常会在受管理、有组织的前提下进行，其活动范围有一定限制，通常会形成一条或若干条骑马娱乐旅游线路；但由于游客中喜欢骑马娱乐的较多，因而参与者数量相对较多。较多游客及马匹长时间集中在固定的范围及路线上，使受影响草丛没有休养生息的机会，最终会造成草丛的枯萎、地表的裸露。因此在骑马娱乐旅游活动的运营过程中，应根据环境受影响状况，采取必要的人工措施对受影响草地进行修复。

（6）野外宿营需要在草地上安放设施设备，甚至对局部草地进行改造，旅游活动者的停留时间长，会产生一定量的生活垃圾。在各种专项旅游活动中，野外宿营对草地生态环境的影响最为突出，这是由于野外宿营使扎帐篷打桩等活动会破坏草地；野外宿营者在野外草地上的生活起居需长时间挤压草丛，超过草丛的自我恢复容忍限度时草丛就会彻底被破坏；由于宿营者要在野外生活，所以会产生较多的生活垃圾，野炊等活动会形成生活污水，如果处理不恰当会对草地生态造成较大的影响。应加强对野外宿营活动的服务及管理，限定野外宿营的活动地点，提供有偿性垃圾清运服务，对严重破坏生态的行为进行必要的惩罚；必要时需采取人工措施对受损草地进行生态修复。

4.8 综合分析

4.8.1 各旅游活动环境影响对比分析

由于甘南草原区各专项旅游活动的参与者人数少，与游览观光等旅游活动相比，参与者人数相差悬殊；并且甘南草原区目前尚未形成成熟的专项旅游服务点。因此游览观光的生态影响与专项旅游活动的生态影响之间无法进行有效及有价值的对比分析。鉴于此，只对游览观光旅游活动、民俗体验旅游活动、休闲度假旅游活动、节庆旅游活动、宗教朝圣旅游活动之间的主要环境影响指标进行对比性分析（见表4-7）。

对比分析发现，宗教朝圣旅游活动的环境负面影响最小，然后依次是节庆旅游活动、民俗体验旅游活动、游览观光旅游活动，休闲度假旅游活动的环境负面效应最为突出。

表4-7　　　　各种旅游活动环境影响主要指标对比分析

旅游活动	游览观光	民俗体验	休闲度假	节庆活动	宗教朝圣
平均每位游客影响的草地面积	160平方米	60平方米	230平方米	12平方米	3平方米
平均每位游客对草地的影响强度	3平方米	0.4平方米	6.5平方米	0.2平方米	0.2平方米

根据同地方旅游局的交流访谈得知，在甘南草原区，游览观光型游客数量最多；其次是节庆活动类游客；最后是宗教朝圣游客，与前几种旅游业形态相比，休闲度假游客数量相对较少，民俗体验型游客的数量则最少。节庆活动游客及宗教朝圣游客较多的原因是由于这两种旅游活动当地居民的参与面广，参与热情高，动辄数万人，拉高了这两种旅游活动的游客人数。如果单纯比较外来游客参与各种旅游活动的人数，则会发现游览观光型游客数量最多、休闲度假型游客次之、民俗体验型游客数量最少。

上述分析反映出，甘南草原区当前的游客类型结构尚比较有利于草地生态环境的保护，究其原因，主要是甘南草原区大部分当地居民参与旅游活动的方式相对生态环保。

4.8.2 各评价指标关联性分析

将各种旅游活动中参与游客的环保意识的定性评价转化为定量评价，具体转化方法为：将很强、较强、一般、较差、很差分别转化为对应评价值5、4、3、2、1。同理将旅游活动环境教育功能的定性评价"很强、较强、一般、较弱、非常弱"转化为对应评价值5、4、3、2、1，得到各旅游活动环境影响综合对比性评价数据，如表4-8所示。

表4-8　　　　各旅游活动环境影响对比分析

旅游活动	平均每位游客影响的草地面积（平方米）	平均每位游客对草地的影响强度（平方米）	人均垃圾产生量（千克）	人均污水排放量（千克）	游客环保意识	旅游活动的环境教育功能
游憩观光	160	3.0	0.25	0	3	2
民俗体验	60	0.4	1.2	25	4	4
休闲度假	230	6.5	1.8	30	2	1
节庆活动	12	0.2	0.5	0	2	2
宗教朝圣	3	0.2	0.1	0	5	4

通过分析表4-8中的数据，发现除了"平均每位游客影响的草地面积"同"平均每位游客对草地的影响强度"这两项评价指标之间有一定线性关联性之外，其他指标之间均为明显关联趋势。这反映出各旅游活动对环境的影响都存在一个主要影响指标，如游憩观光的主要影响指标是"平均每位游客影响的草地面积"，而休闲度假的主要影响指标是"平均每位游客对草地的影响强度"。

4.8.3 旅游活动综合关联度同旅游活动环境影响之间的关系

各旅游活动综合关联度由高到低依次分别是宗教朝圣、节庆活动、民俗体验、游览观光、休闲度假；而各旅游活动对草原环境的影响由低到高也分别是宗教朝圣、节庆活动、民俗体验、游览观光、休闲度假。这反映出旅游活动综合关联度同旅游活动环境影响之间有明显的负相关关系。这主要是由于如下两方面的原因：第一，旅游综合关联度高的旅游活动，其消费门槛低，潜在消费者数量广，生态环境负外部性小；第二，旅游综合关联度高的旅游活动的文化依赖性强，依托文化资源可减轻旅游活动对草原自然生态资源的压力。

4.8.4 研究结论的应用价值

1. 选择旅游开发方向，调整旅游产业结构

根据各种旅游活动对草地生态环境的影响程度，以及当前旅游市场的需求偏好、甘南草原区自身的资源禀赋状况，选择生态环境影响小、市场发展前景好、综合关联度高的旅游活动作为旅游发展的重点方向，并给予引导、扶持，调整旅游产业结构、使甘南草原区的旅游业向环境友好型方向发展。

2. 确立生态监控治理重点

在甘南草原区生态旅游发展中，对生态环境进行监控治理是必要的，应对那些生态环境负面效应突出的旅游活动方式及相应的旅游接待服务点重点进行生态监控，并针对实际情况采取必要的环境治理措施。在降低旅游活动生态影响时，应识别具体旅游活动对生态环境的主要影响指标，以针对性的采取措施。

3. 利用旅游活动中的生态环保因素

在甘南草原旅游业发展过程中，藏传佛教的生态伦理是重要的生态环保因素，应对其作用进行重视并进行充分利用。文化旅游资源是可再生旅游资源，文化类旅游产品对自然生态环境的干扰相对较小，因此在旅游产品开发过程中，应对文化资源的挖掘利用给予高度关注。

4. 为区域生态旅游规划提供参考

在进行甘南草原区生态旅游规划时，应根据各种旅游活动的环境影响状况，多设置环境影响比较小的旅游活动项目，确定生态保护及治理的重点方向，制定针对性的环境保护促进策略，针对性的对游客进行环境保护宣传教育，在设置标识系统时注重环保提示性标牌的布放。

第 5 章

甘南草原区旅游业生态影响控制模式

5.1 旅游业生态影响控制的"一二四"模式

5.1.1 基本模式

在以上分析的基础上,本书提出甘南草原区旅游业生态影响控制的"一二四"模式,即"一个旅游业生态影响控制战略、两种旅游业生态影响控制方法、四项旅游业生态影响控制的具体措施",如表 5-1 所示。

一个旅游业生态影响控制战略为"政府对草地景观实施公共物品化管理战略"。两种旅游业生态影响控制方法分别为"旅游业生态影响约束方法"和"自然生态保护诱导方法"。四项旅游业生态影响控制的具体措施分别为"指标控制"、"信仰约束"、"生态价值转换"、"活动方式诱导"。

表 5-1 旅游业生态影响控制的"一二四"模式

一个战略	政府对草地景观实施公共物品化管理战略			
两种方法	旅游业生态影响约束方法		自然生态保护诱导方法	
四项举措	指标控制	信仰约束	生态价值转换	活动方式诱导

指标控制和信仰约束是对旅游业生态影响约束方法的细化和支撑，生态价值转换与活动方式诱导是对自然生态保护诱导方法的支撑；旅游业生态影响约束方法与自然生态保护诱导方法是对草地景观公共物品化战略的细化和支撑。

5.1.2 模式的可行性分析

1. 宏观环境允许

第一，保护青藏高原生态是世界性共识。青藏高原是整个世界的生态屏障，保护青藏高原地区的生态已成为世界性的共识。甘南草原区是青藏高原的重要组成部分，因此关于甘南草原区生态环境保护的战略、设想、行动会得到广泛的支持。这些支持可能会包括：舆论支持、科研支持、资金支持、行动支持等方面。

第二，模式的实践可以与已有的相关政策相结合。事实上，国家已为甘南草原区的生态环境保护出台了许多相关政策，并正在付诸实施，其中包括退牧还草、生态补偿、生态移民等，这些政策其实已将甘南草原区的草地资源看做生态公共物品，由国家财政出资退牧还草、进行生态补偿，维护甘南草原的公共物品属性，草原上的牧民可以无偿享受到国家提供的补贴。本书提出的"草地景观公共物品产品化战略"可以与生态补偿、生态移民等政策相结合实施，或者作为退牧还草、生态补偿的延伸性战略。

第三，旅游将成为甘南草原区重要的产业形态之一。由于受自然条件的限制,甘南草原区无法发展农业、工矿业的发展也受到诸多限制,但当地政府及居民发展的愿望很迫切,在这种情况下,各界都将目光瞄向了生态旅游业,外界也广泛认为生态旅游产业是甘南草原区理想的产业形态,但近些年的旅游业发展实践证明,旅游业也造成了诸多严重的生态环境问题,近年来甘南草原区旅游业发展迅速,随着旅游业规模的不断扩大,必须研究采取措施来解决旅游业的生态环境干扰问题,否则甘南草原区的旅游业将无法可持续,还会对整个世界带来生态灾难,这也已成为社会各界的共识。因此"草地景观公共物品产品化战略"能够得到各界的理解与支持。

2. 文化传统允许

如前文所述,甘南草原区普遍信仰藏传佛教,千百年来传承了一种与甘南草原区基础条件非常吻合的生态伦理观念,主张敬畏自然、爱护生命,对违背这一生态伦理的人有非常严厉的精神惩罚措施。第一,在甘南草原区弘扬生态环保思想与区域的文化底蕴相吻合,能够得到宗教寺院等方面的支持;第二,甘南草原区有浓厚的宗教信仰氛围,采用信仰约束方法是对当地传统文化的因势利导;第三,约束与诱导相结合的办法是一种柔性策略,且刚柔相济,显示出对各种经营文化的包容性,容易得到地方传统文化的认同。佛教文化在我国是一种有久远和广泛影响力的传统文化,由外界进入甘南草原区的许多汉族游客大部分也深受佛教的影响,可以使信仰约束策略得到很好的实施。

3. 操作层面可行

由于以下方面的原因,本书提出的旅游业生态影响控制的"一二四"模式在具体实施层面不存在难度。第一,旅游产业在甘南草原区具有很强的政府主导性特征,政府掌控着投资资源及许多景区点的土地资源,因而可以使相关政策在政府可控的范围内推行,然后逐步向全社会推广;第二,甘南草原区地域辽阔但人口稀少,在实施相关政策时需要支付的生态补偿经费较少，同时政府对土地资源更容易进行控制；本模式所提出的具体行动举措本身就是对发展趋势的一种因势利导，当地政府、旅游经营企业本来也在积极进行相关方面的尝试和探索，模式的实践只是对这些尝试探索的总结推进。

4. 资金需求较少

践行本书所提出的"一二四"模式，所需做的主要工作主要是制度层面的设计、宏观层面的规划、制度层面的执行，不需要进行其他方面大规模的建设，因而不需要太多资金。由于模式的践行本身不会对甘南草原区旅游业的现状秩序进行大幅度的颠覆，其作用只在于降低现有旅游业态的环境影响，因而模式本身具有中性的特征，其践行不会带来太多风险，模式自身的调整和完善也不需要花费太多投资。

5.2　一个旅游业生态影响控制战略

一个旅游业生态影响控制战略为："政府对草地景观实施公共物品化管理战略"。

政府是"草地景观公共物品化策略"的实施者，而且具有无法被替代的作用。政府不但具有执法权，而且能够根据地区发展战略，根据各景区不同状况，对草原上的生态景区进行差异化定位，避免低水平建设对草原生态造成的破坏；同时可通过对各生态景区的对比，针对具体景区发现有效的、针对性强的控制旅游业生态环境影响的策略。

5.2.1　战略内容

1. 将甘南草原的草地景观看作公共物品

应将甘南草原的草地景观看作公共物品，这是由于甘南草原的草地

景观具有公共物品属性,草原景观的公共物品属性体现在如下方面:

第一,局部草地会对整个草原产生正的或负的外部效应。通过前文分析得出,大部分游客进入甘南草原区的主要目的是游览观光,游览观光对象为原生态草原景观,这个原生态草原景观是由整个草原总体构成的,虽然局部某些点拥有较好的观景条件,但游客观看欣赏的仍然是草原的整体美,而不是某一个局部的点。因此,应将整个草地景观当做一个整体来看待。草原上某一个局部点的生态破坏会对整个草原的景观效果产生影响,会削弱草原景观的美学效果,进而会降低其旅游吸引力及旅游经济价值。同时由于甘南草原区特殊的自然条件,局部地点的草皮植被破坏后,破坏点产生的风沙会影响其他区域草地的生长,裸露地表的范围会逐步扩大而影响周围草地。因而甘南草地区域局部地点的生态退化会对整个草原景观产生负外部效应,所以,利用并保护好草原上的每一块地方不仅是单个家庭及某个小群体的事,而是关乎草地上所有居民利益的事。

第二,整个甘南草原对外界有正的或负的外部效应。甘南草原区对外部人类有不可替代的生态功能,这些生态功能体现为气候调节、水源涵养、水土保持、生态多样性维持等,所以甘南草原区被称为人类的生态屏障,如三江源是三条大江的源头,玛曲草原补给了黄河水量的20%。若甘南草原区的生态环境受影响,导致其生态功能下降,草原区外部人类所享受到的生态服务将会减弱,会对草原区外部人类产生负的外部效应。因此,利用并保护好甘南草原区域不仅是草原区内部居民的事情,而是关乎全国利益的大事情。

第三,草原上的每一个旅游经营者都在使用宏观草地景观这一公共物品。草原上的单个旅游经营者在局部地点从事旅游业服务,但如果没有整个草原做宏观背景,其经营点就失去了存在的自然生态环境,因而就会失去吸引力。因此,草地景观是草地上旅游经营存在的基础,每一个旅游经营者都在使用草地景观这一公共物品,其自身经营活动的环境效应反过来又会影响草地景观公共物品的公共服务功能,减少环境负面影响是草原上每一个旅游经营主体应尽的义务。

2. 对甘南草原采用公共物品式的管理

由于甘南草原区具有鲜明的公共物品属性，因此，应对甘南草原区采取公共物品式的管理方式，具体包括以下方面：

第一，对具有明显"负外部效应"的行为应征收公共物品补偿费。调查研究发现，当地居民的牧业生产方式是甘南草原区千百年来保留下来的一种环境友好型生产方式，只要将牲畜控制在一定数量内，并不会对整个草地产生明显的"负外部效应"。对草地产生明显"负外部效应"的生产方式主要包括旅游业、采矿业、污染性工业等，其往往会对草地植被造成根本性破坏，并产生大量的污染物排放，对这些行为应征收"负外部效应补偿费"。针对旅游业开发，只要其开发行为造成草场草地植被的根本性改变，如建筑占用草地、将草地硬化为道路等，均应该向其征收"负外部效应补偿费"。由于当地牧民时代生活在草原上，并没有使草地生态环境发生根本性转变，相反他们守护了这块生态宝地，因此对当地的牧业生产及牧民生活应采取适当宽容的态度。

第二，对使用"草地景观公共物品"的个体征收公共物品使用费。如前文所述，草地上的每一个旅游经营个体都使用了草地景观这一公共物品，因此应根据其实际经营收益状况缴纳公共物品使用费，并作为甘南草原区的生态建设基金。当地居民的牧业生产不同于旅游生产，因为牧业生产使用的是草丛资源而非草地景观，因此不需要向其征收公共物品使用费，但如果当地牧民对草地的破坏为整个草地景观带来了明显的负外部效应，则应向其征收草地景观公共物品补偿费。

第三，政府有义务对受损草地进行生态修复，维护草地的公共物品功能。由于国家政府对甘南草原区有生态补偿资金支持，外界一些省市对甘南草原区有对口支援，同时政府又向一些草地资源的使用者征收了公共物品补偿费用，因此政府有义务对受损的草地进行生态修复，以维护草地的公共物品功能。按照社会惯例，公共物品都是由政府投资、管理和维护的,因此将甘南草地景观看作公共物品后,政府就应当履行相应的职能。随着国家及地方经济实力的增强及对生态环境保护的重视,以及草原旅游业经营所缴纳的公共物品补偿费的增多,政府履行对"草地公共物品"管理及修复职责的能力将会越来越强,应义不容辞的管理及维护好"草地景观"这一公共物品,使现代、未来更多的人欣赏到原生态草地景观。

5.2.2 战略意义

1. 对草地资源实现更加有效的管理

当前该海拔草原区旅游开发存在的一种普遍现象是旅游开发以破坏草场资源及草地景观为代价,但这种以公共物品损失所换来的经济效益大部分落入私人的腰包,其中相当一部分经济收益流出甘南草原区域之外。在这种开发利用模式下,草地景观的吸引力在逐渐下降,影响了草原旅游业的可持续发展,最终损失的是当地居民的利益,这是一种有失公平和不负责任的开发利用方式。对草地景观实行公共物品化管理有助于管理者形成新的管理视觉,为相关政策的制定出台提供新的依据,使各项管理措施更加合理;有助于草地景观资源休闲旅游价值的持续性发挥,实现资源利用的公平;有助于防止以公平物品价值损失为少数个体换取利益的不合理开发模式。

2. 促使旅游经营者减轻对生态的影响

在对草地景观实行公共物品化管理的模式下,由于要对产生负外部效应的行为征收公共补偿费,处于经营成本及经济效益考虑,相关旅游经营个体会尽量减轻对草地生态环境的影响,以减少旅游开发的负外部效应。当前由于为对草地景观实行公共物品化管理,致使草地资源掠夺性开发利用的现象普遍存在,其造成的直接结果就是开发一处破坏一处，一些地点的草地被破坏后，旅游开发者又会选择生态完整的草地进行新的开发，然后新开发点的草地又会遭到破坏，若不加制止，整个草原区将会千疮百孔。如前文所述，甘南草原区生态恢复缓慢，完全恢复需要50年左右的时间，在全球气候变暖的形式下，若不对被破坏的草地进行修复，则裸露地沙化的面积会逐渐扩大，这对整个草原区的影响是灾难性的。对草地资源实行公共物品化管理，则有助于有效地遏制上述旅游业开发的负面影响。

3. 为甘南草地生态保护筹措资金

甘南草原区的地方政府收入来源少，财政支付能力差；甘南草原区的当地居民经济收入水平较低；地方教育、基础设施建设、维持稳定等投入需求大；虽然国家对甘南草原区的生态治理有大量的专项资金，但平均到每个地方后，资金数量则显得不足。实施草地景观公共物品化管理策略，能通过草地景观公共物品补偿费、使用费的形式筹措生态环保资金，并用于草原生态治理修复，这对甘南草原区的可持续发展将起到非常有效的作用。而公共物品补偿费、使用费的征收具有非常强的合理性，一开始就应该征收，但相关政策一直没有付诸实施，已经给甘南草原区造成了严重的生态损失及价值流失，因此相关政策的制定执行应尽快提上议事日程。

4. 促进草地资源实现优化配置

根据前文分析，在甘南草原区的各种旅游活动中，宗教朝圣、节庆旅游活动的环境负面影响最小，民俗体验的环境负面影响相对较小，而休闲度假旅游活动的环境影响相对较大。对草地景观实行公共物品化管理策略之后，会使旅游开发经营者选择生态环境负面影响小、经济效益相对较好的旅游业运营方式；同时也会使那些生态环境负面影响小的旅游业经营活动更有存在与发展的优势，而淘汰那些生态环境负面影响较大的旅游活动经营方式，或增加那些参与那些旅游活动的费用。这在总体上有助于整个甘南草原区草地资源的优化配置,有助于其旅游业的可持续发展和自然生态资源的合理利用。

5.3 两种旅游业生态影响控制方法

采用两种相辅相成的方法对甘南草原区旅游业的生态影响进行控制,以更好实现草地景观公共物品的功能。采用旅游业生态影响约束是使用应办法进行控制,而使用自然生态保护诱导是使用软办法进行控制,其目的都是减少旅游业的负面生态影响。

5.3.1 旅游业生态影响约束方法

1. 现有约束方法及其运行效果

对旅游业生态影响进行约束的方法很多,如根据草地承载能力对游客接待量进行限制,对开发运营商刻意破坏草地的行为进行罚款,对旅游者的环境非友好行为进行罚款,制定旅游业发展控制性规划,在草地上划设保护区、缓冲区、实验区,制定废水排放及垃圾处理标准等。在这些现行方法中,使用得较多的是根据草地里限制游客接待量,环设保护区、缓冲区、实验区,制定旅游业发展控制性规划。

但现有约束方法的运行效果不甚理想,有些约束性规定形同虚设。现有约束方法运行效果不理想的原因主要有以下几个方面:

第一,这些常规方法的理论意义强,现实意义弱。以"根据草地承载力对游客接待量进行限制"为例,在这一方法中,草地承载力本身就是一个非常理论化的问题,即使理论界对草地游客承载力的计算也没有完全研究清楚,根据承载力所设定理论游客承载量往往不具有太多的现实参考价值,旅游管理部门及旅游开发运营者均对此不给予太多理会。

再如关于保护区、实验区、缓冲区的划设，到底保护区内能不能开展湿地观鸟及摄影绘画等专项旅游活动，理论界尚且存在争议，所以就更难指望其能在现实中发挥有效的约束作用。

第二，现有约束方法的执行不到位。在现实中，由于相关配套措施的缺失，根本没有人去认真执行这些规定，目前这些规定大部分处于形同虚设状态。如许多旅游控制性规划中的相关规定就面临这种状况，规划基本上只在申报项目、申请经费等方面使用，在具体的实际操作过程中，则是想怎么干就怎么干；再如关于保护区、实验区、缓冲区的规定，地方管理部门为了旅游开发的需要，经常对功能区划的范围调来调去，使本来非常严肃的功能区划完全失去了严肃性；以至于游客容量的规定，在能看得见的利益的诱惑下，根本没人拿它当回事。当前各种约束方法运行效果不好，或完全没有发挥效果的原因就是没有制定出相关的配套措施，若实行草地资源公共物品化管理策略，则政府、地方居民、外界人士均变成了利益相关者，就会有动力推动和监督各项约束性方案的执行，整个草原区的旅游业生态约束与治理则会走上良性循环的轨道。

2. 拟采用约束方法的运行效果

本研究拟采用的约束方法之一是沿袭传统做法，设置若干约束性指标；拟采用的方法之二是采用宗教信仰的力量进行约束。

由于草地景观公共物品化管理战略的实行，使各项约束性指标的贯彻执行有了配套方案，增强了各项约束性指标并践行的可能性，如果草地景观公共物品管理策略能被严格执行，则各项约束性指标则均能得到彻底执行，这是因为各项约束性指标超标必然要产生更多的负外部效应，相关经营者需缴纳更多的公共物品补偿费用，为了经济利益计，经营者更有动力将各项指标控制在既定要求之内。

藏传佛教对大部分人的心理都会产生影响，在甘南草原区更是如此，实践表明利用佛教的生态伦理精神来约束人的环境非友好行为在该区域是一种较为有效的办法。宗教信仰首先征服的是一个人的心理，当一个人的心理被征服之后，其就是心甘情愿地做出相应的行为；而人心理的认同是出于对宗教的敬畏感，以及对宗教生态伦理所宣传的惩罚报应的恐惧。在甘南草原区宗教氛围浓厚，大自然的神圣感、神秘感凸显，在这种环境下，游客容易接受藏传佛教的生态伦理思想。

5.3.2 自然生态保护诱导方法

所谓诱导方法，就是对严格执行生态环保政策、减轻生态环境影响、促进生态修复、采取环境友好型经营方式的相关个体给予一定的好处，以对全区的旅游经营者、游客等相关个体的行为进行引导的一种方式，诱导的具体方法包括物质奖励、精神奖励、经济补偿、经营机会补偿等。

1. 生态环保诱导方法使用情况

第一，基本不存在使用诱导方法减轻旅游生态负面影响的案例。根据在甘南草原的调查发现，在旅游业运营过程中，基本上没有采取诱导方法来促进相关个体的生态环保意识，以减轻旅游业及旅游活动的负面生态影响，维持甘南草原区旅游业的可持续发展。正因为没有任何奖惩措施，在许多草地上发生了"公地悲剧"，各旅游业开发运营者都力争对草地资源进行最大化的利用，相当一部分旅游开发经营行为是在对草地资源进行掠夺性利用，而对生态影响后果没有给予过多关注。草原上相当一部分旅游经营者属于外来者，其家人及其将来本人的生活地并不在草原上，因此其只顾眼前利益，而不过多关注草原生态退化对未来的影响，以最短的时间获取最大的经济利益是其唯一的追求，等钱赚够之后，他们就会带着用破坏草原生态换来的金钱去别的地方享受生活。即使是草原内部的居民中的旅游经营者，也在最大限度的利用公共资源为个人谋利益。在这种情况下，对草地资源利用强度更高的旅游服务商获得的经济利益更多，对草地生态进行有意识保护的旅游服务商获取的经济利益更少，最终博弈的结果是大家都会最大限度的利用草地资源进行旅游接待，其唯一的结果就是造成草地生态的严重破坏。

第二，当前生态诱导方法的缺失更加要求对草地景观实行公共物品化管理。如上所述，在没有任何奖惩措施的前提下，几乎所有旅游开发运营商都在竞争式的利用草地资源；甚至连游客也不例外，在旅游过程中，也以各种方式跟自然生态进行亲近，甚至会采摘草地上的花朵，最大限度地扩大自己在草地上的活动范围。目前对草地景观这种公共物品，各私人个体都力争最大化的利用和占用，这肯定是一种不可持续的旅游业发展模式，这种现象的存在也说明对草地景观实行公共物品化管理的必要性，使用者需付出成本，使用得越多、破坏得越严重需付出的成本越多，如此对草地资源的利用更加理性。

2. 拟采用的生态环保诱导方法效果分析

本研究拟采用的生态环保诱导方法包括生态价值转换、活动方式诱导。

生态价值转换就是要让草地的生态价值显性化，并以货币价值的方式得以表达。生态价值转换是对草地景观公共物品化管理的贯彻，同时也是草地景观公共物品化管理的抓手。由于草地资源的生态价值能够转换成现实的经济价值，生态价值的损失就会导致经济价值的损失，因而可以激发相关个体的生态环保积极性，可以收到一定的生态环保促进效果。生态资源是甘南区的主要资源，也是甘南草原区参与世界经济系统的凭借，只有通过生态价值转换，才能使甘南草原区顺利参与世界经济体系的交换，从而以现实经济效益来推动草地生态价值的可持续存在。

诱导更多潜在游客参与宗教朝圣、文化节庆、民俗体验等生态环境影响小的旅游活动，减小对休闲度假等生态环境影响大的旅游活动的参与。旅游活动的诱导可以通过旅游开发引导、市场宣传、高吸引力活动的策划等来实现，对环境更加友好的旅游活动的增多及对环境友好程度低的旅游活动的减少比较在甘南草原区产生积极的生态环境效应。

5.4 四项旅游业生态影响控制举措

通过四项旅游业生态影响控制举措，确保草地景观公共物品化管理战略的实现，这四项举措分别为：旅游业生态影响指标控制、旅游业生态影响信仰约束、草地生态价值转换、旅游活动方式引导。

5.4.1 旅游业生态影响指标控制

1. 设立旅游业生态影响控制指标

设立相关指标是进行指标控制的关键。在甘南草原区旅游业生态影响管控的过程中根据所设立指标对旅游业的环境影响进行监测及管理。

第一，一般通用性指标。一般通用性指标是指在所有旅游景区环境管控中均适用的指标，包括旅游区环境容量、最大污水排放量、水体环境质量、大气环境质量、土壤环境质量、噪声分贝值、植被覆盖率、建筑密度、建筑容积率等。这些指标是旅游区生态环境质量的指示性指标，对景区环境质量的监测也常常从这些方面入手。这些指标同样适用于甘南草原区的生态质量监测与管理，但在具体适用过程中要迎合甘南草原区的自然气候条件，如草地的游客承载量问题，按照国家标准《风景名胜区规划规范》，草地的游客承载力大致为200～500平方米草地承载一个游客，这一标准适合全国的平均情况，但考虑到甘南草原区草丛植被生长速度慢，脆弱性强，因而这一指标值应当提高。

第二，专门针对性指标。甘南草原区有自己特殊的自然生态条件及社会文化条件，旅游业的生态影响方式也有其自身的特殊性，因而需针对甘南草原区的具体实际情况专门设立一些针对指标,包括"草地区游客的活动强度""游客活动的空间聚集度""草原生态伦理忠诚度""草场的开放度"等。

草地区游客的活动强度:甘南草原的草丛一旦被毁坏造成地表裸露,自然恢复需50年左右的时间,在全球气候变暖的背景下这一过程可能会更加漫长;这与东部地区不同,其植被可能只需要一年或几年的时间就能恢复;在这种情况下,需特别注重草地区游客活动的强度,不能对草丛植被造成致命性的影响。

旅游活动的空间聚集度:若旅游活动的空间聚集度高,则对草地的影响强度就会加大,可能造成局部草地区的草丛枯萎、地表裸露,而甘南草原的地表一旦裸露,就会成为沙源、水土流失源、草地生态退化的扩散园,因此需要对旅游活动的空间聚集度进行控制。

草地生态伦理忠诚度:如前文所述,在甘南草原区,藏传佛教的生态伦理思想对于生态环境保护有至关重要的作用,因而应将旅游区当地居民的生态伦理忠诚度作为旅游业生态环境影响的一项重要指标。

草原的开放度:草地与林地等生态系统类型不同,与林地相比,游客活动要践踏草丛,对植被的影响度最高。草原的开放度越高,游客自由活动的空间范围就越大,游客活动影响的草地面积就会越大,就会有更大面积的草地受到生态干扰。

2. 严格按控制指标进行监测和管理

如果各项指标不能被有效地运用于生态旅游管理实践,则形同虚设。当前在生态旅游管理方面,也有许多控制性指标,但这些指标的控制性职能没有被严格贯彻执行。应在整个宏观区域层面,成立有行政职权的生态环境监测管理机构,负责生态环境指标控制的落实。由于甘南草原的草地景观有鲜明的公共物品特征,因此应发挥草地生态环境的公众监督作用。每年或每隔一段时间请第三方对甘南草原区的生态环境按照各项指标进行监测,并向全公社公布草地生态的监测结果。这样做的好处有以下几个方面：

第一，发挥社会舆论、外界相关管理部门的监督作用，切实推进甘南草原区根据环境控制指标进行生态环境保护；

第二，引起包括环保组织在内的社会各界对甘南草原区草地生态的关注，吸引更多的生态补偿资金、生态爱心捐助资金；

第三，树立良好的生态环保形象，增强潜在游客对甘南草原区的好感，提升其进入的欲望。

5.4.2 旅游业生态影响信仰约束

1. 重视信仰约束的作用

如前文所述，藏传佛教中的生态伦理思想在当地居民中是一种信仰，且对当地居民的生态环境行为有非常明显的约束作用，但长期以来，这种信仰对生态环境的积极作用并没有引起外界及管理部门的相关重视。人的生态环境行为无法完全通过制度规范进行约束，同时通过制度规范对人的环境行为进行约束也需要付出较大的成本，如有人随意在草地上拔了一根花草，如果要对这种行为进行惩罚，首要需要有不留死角的监视系统，然后要有专人花专门的时间对这件事进行处理，但这样做显然是不现实的。然而信仰却能对人的生态环境行为产生全面性的制约，并让相关个体自觉遵守信仰教条。所以信仰约束在甘南草原区是一种非常有效，而且非常节约成本的生态环境影响控制手段，管理部门及社会各界均应对信仰的这种特有约束作用给予重视。

2. 信仰约束策略的配套举措

采取如下配套举措，发挥信仰在甘南草原区旅游业生态影响控制方面的约束作用。

第一，将藏传佛教中的生态伦理思想看作为人类的一项文化遗产。

将藏传佛教中的生态伦理思想看作人类的一项文化遗产，并专门对其冠以相应的名号。这一方面，有利于外界将相关信仰理解为一种文化现象，而不是一种宗教迷信，从而增强对相关信仰的认同；另一方面，可以使甘南草原区内部居民坚信自己所坚持的生态伦理思想是正确的，继续更好地发挥生态伦理信仰在维护甘南草原区生态环境方面的独特作用。

第二，作为文化遗产，对相关生态伦理思想进行宣传。对藏传佛教中的生态伦理思想冠以文化遗产名号，有助于这种生态伦理思想的宣传和推广，在当前全球生态环境状况越来越恶化的情况下，这种宣传和推广有非常突出的时代现实意义。对于进入甘南草原区的游客而言，这种生态伦理思想的宣传有助于其自觉性生态环保意识的形成及提升。相关生态伦理思想的宣传办法包括：请有影响力的活佛，通过讲法的形式解说藏传佛教中的生态伦理思想，并录制相关视频音像，让游客在初进入甘南草原区的时刻观看；直接将藏传佛教的相关规定用于草原旅游区的环保标识系统，如可在标牌上书写：山有山神，请尊重山神，否则山神将会对我们进行惩罚等；举办藏传佛教生态伦理思想学术交流会，请学者们对其进行鼓与呼；利用导游讲解等渠道，向游客进行宣传；通过一些活动的举办，让游客耳濡目染。

第三，利用宗教机构，扩大生态伦理思想的影响力。由于甘南草原区的生态伦理思想是藏传佛教精神，因此可与一些寺院洽谈合作，在寺院中设生态环境监督办公室，并拨付经费，由宗教机构对各个草原区的生态环境质量进行评价，并提出相关提升改良建议，这可使有宗教信仰的当地居民关注自家草场的生态状况，并积极投身于生态环境改良行动中，可对有宗教信仰但对生态环境不负责任的旅游开发运营商产生心理威慑作用。由于宗教寺院在所在地有非常强大的社会动员能力，因而其建议能引起高度的社会关注与重视，如果非常有影响的高僧能够出面讲话，甚至可在草原上形成人人重视生态、人人监督生态的局面，如果能形成这种局面，则即使没有信仰但对生态环境不负责任的旅游开发运营商、对环境不友好的游客均会面临藏族社会的全员监督，使其有很大的心理压力，最终自觉降低对草地生态环境的影响。

第四，将信仰有机地融入旅游活动。将信仰融入旅游活动，采用柔性的方式使游客了解、认同、接受宗教信仰中的生态伦理思想。（1）对于宗教朝圣游客，重申和强化生态伦理理念，宣讲藏传佛教中有生态环保意义的相关禁忌。（2）利用节庆活动机会，采用艺术化、情感化表现手法，宣传展示相关宗教精神对生态环境的积极作用，使人从精神上产生震撼，从而在潜意识中强化生态环保意识。如可以以文艺手段展演藏传佛教中与生态环保有关的感人故事等。（3）藏传佛教的生态精神渗透在甘南草原居民的日常生活之中，可阐释宗教的存在对脆弱生态环境保护所发挥的作用，以及藏民族信仰背后的自然生态原因，使游客认同这种文化存在的合理性；同时也有必要对当地居民进行信仰解读教育。（4）针对游憩观光游客，应传递宗教精神与甘南草原自然生态美之间的内在联系。（5）针对休闲度假游客，应提倡宗教中的一些朴素生活思想，挖掘宗教文化中与低碳生活相匹配的元素，利用宗教号召力引导游客进行低碳消费。（6）借助专项游客特有的网络，扩大藏传佛教中生态伦理思想的传播面，产生市场营销及推动生态环保的双重效应。

5.4.3 草地生态价值转换

采取草地生态价值转换举措是对"草地景观公共物品化管理战略"的有效贯彻。这种举措的基本思路是：首先认为草地生态是有价值的，并对这种价值进行显性化，对创造这种价值的人给予补偿，向占用这种价值的人收取费用，通过现实经济利益诱导相关个体减少生态干扰、进行环境保护。草地生态价值转换的具体办法包括以下方面。

1. 通过公共物品管理途径进行转换

实行草地景观公共物品化管理，可以将草地的潜在生态价值转换为现实的货币经济价值，如采用前文所说的征收公共物品补偿费、公共物品使用费等方法均可以实现用货币价格来表现草地生态价值的目标。

在甘南草原区，对游客有吸引力的是风光美好、原生态气息突出的整个草原环境，部分旅游开发运营商的经营实际上是在利用草原环境这一公共物品，因而需向其征收草地景观公共物品使用费；但整个草原实际上是一个大景区，如果进入的游客不去旅游接待经营店消费，则可以无偿使用原生态草地环境这一公共物品，并且会在无管理、无监控的情况下影响草地生态环境，这等同于无偿占取了草地资源的生态价值，造成草原资源价值的流失。为了应对这种情况，促进草地生态价值向货币经济价值转换，可以以县级行政区划为单位，将区划内的整个草地作为一个公共物品，然后针对进入的游客统一收取一定数额的公共物品使用费（相当于其他景区的门票）及一定数额的公共物品使用押金，如果游客没有出格的环境非友好行为，则游客离开时将押金全额退还，这样做一方面可以使草地自然生态环境所应当实现的经济价值不过多流失，另一方面可以使游客有所顾忌，减轻对自然生态环境的影响。

2. 通过生态补偿进行转换

草地具有生态、生产、文化休闲等各种价值，这些价值均能转化为现实的货币经济价值，因而因对维护这些价值的个体给予补偿，向使用这些价值的人收费，对破坏这些价值的人进行惩罚。生态补偿政策虽然早已在甘南草原区实行，在保护草原生态发面发挥了积极的效应，但其在控制旅游业生态影响方面尚未发挥作用，究其原因，主要包括如下方面。第一，生态补偿的试用面较狭窄，没有在旅游开发运营商、游客等中间实行生态补偿措施，奖惩措施的缺失造成旅游对草地无序利用的状况；第二，奖励性效果不明显，针对所有牧民实行统一的生态补偿政策和标准，没有差别化对待，因而没有产生奖励示范效应；第三，地方发展旅游业的愿望过于迫切，以至于对旅游业所产生的负外部效应不能给予正确认识，推出旅游业生态环境影响奖惩策略的动力不足。因此，在推进生态补偿的过程中，转变政府的观念至关重要，政府观念转变后相关政策措施也会随之出台。

3. 通过相关产品开发进行转换

在甘南草原区普遍存在的一种显现是：在游客需求方面，对游客最有吸引力的是原生态草地环境，外部进入者的主要旅游动机也在于旅游观光；但在产品供给方面，却更多的是各种旅游村、以向游客提供食宿服务为主，观光型景区景点不多；旅游业收入的主要构成也源于餐饮、食宿接待，景点门票收入所占比例微乎其微。这从一个侧面印证了甘南草原区原生态草地环境的游览观光价值并没有有效地转化为经济价值，草地资源的相当一部分游览观光价值所应实现的货币经济价值白白流失，旅游产品供给与旅游产品需求相脱节。然而前文分析表明，与休闲度假相比，游憩观光旅游的环境负面影响更小。这说明应当设计开发更加能迎合市场需求，能对其进行有效管理的甘南草原区旅游产品，以更有效地使与草地资源生态价值相伴而生的游览观光价值转化为现实货币经济价值，通过价值的显性化使人们认识到保护草地生态环境的重要性。"收费观光车旅游产品"是其中一种形式。根据前文的调查研究，游客在甘南草原区的大部分观光体验来自乘车旅游观光，这是由草原区特有的地貌及自然条件决定的，但游客当前区域的道路交通状况并不十分满意，可针对这种状况，开发"收费观光车旅游产品"，即利用当前现有的交通道路，设置景观化道路，配设收费观光车，一方面满足游客的需求，另一方面通过产品开发的形式促进草原生态价值向现实货币经济价值转化。

5.4.4 旅游活动方式诱导

前文分析表明宗教朝圣、节庆活动、民俗体验以及一些专项旅游活动的生态环境负面影响较小，而休闲度假等旅游活动的生态环境负面影响相对较大。在甘南草原区生态旅游开发过程中，应通过相应办法对旅游活动方式进行诱导，鼓励生态环境负面影响较小的旅游活动方式。

1. 从需求角度对游客进行诱导

旅游需求会影响旅游供给，如果旅游者需求旺盛，旅游经营企业出于经济利益考虑，则会针对市场需求旺盛的旅游活动开展相关服务，因此从需求角度对游客的偏好进行诱导属于源头型诱导策略，具有十分重要的意义。在旅游业开发管理实践中，可采用如下方法对游客的需求进行诱导。

第一，消费补贴。针对民俗文化体验、宗教朝圣、节庆参与、湿地观鸟等生态环境负面影响小的旅游活动，可以在潜力型潜在客源市场上、或针对刚进入甘南草原区的游客发放专门用途的旅游消费券，消费券中的金额在游客进行生态环境影响较小的旅游消费时即可激活，游客可以用此抵消消费金额。除此之外还可以采取消费退费及生态奖励的办法：游客在进行生态环境影响小的旅游消费之后，凭有效证据可以前往指定地点退还一定比例的费用；或者由政府动用生态基金，对这部分环境友好型游客给予适当奖励。

第二，精神鼓励。对于许多外部进入的游客而言，有意义的精神鼓励比物质奖励更重要，因为这些精神鼓励可能是其个人价格的一种实现，而最求个人价值的实现是旅游的重要动机和目的之一。可通过以下办法对游客进行精神鼓励：赠送有纪念意义的纪念品，如游客参与民俗体验旅游活动之后，可由民俗体验旅游的提供者（一般为牧户）向游客赠送做工精美但成本不高的唐卡、牛角工艺品、藏族小饰件、牦牛模型等，并进行签名鼓励，游客以是游客和牧民之间互赠纪念品；授予游客荣誉称号，如对于参与民俗体验旅游超过十次以上的游客，可授予"青藏之友"荣誉称号并送有纪念意义、文化内涵、美学价值的相关凭证。

第三，价格调控。政府对各项旅游活动实行价格引导策略，对于对生态环境负面影响大的旅游活动，实行高价引导，对于对生态环境负面影响小的旅游活动实行低价引导。实行价格引导符合旅游经济规律，因为生态环境负面影响大的旅游活动所产生的生态成本本高，因而产品的价格也应相应调高。价格调控的具体实施办法包括：政府指令定价，对于休闲度假等生态负面影响大的旅游服务规定其价格不能低于某一标准；公布政府建议价，虽然对经营个体的定价不做硬性规定，但经常公布政府建议价，对经营个体的定价心理产生影响；价格补贴，动用生态基金，为民俗体验等旅游服务的经营个体进行转移支付性补贴，变相降低对生态环境负面营销小的旅游产品的价格。

2. 从供给角度对经营个体进行诱导

相当一部分旅游运营个体开发运营行为盲目，开发经营方向模糊；还有一些旅游运营个体根据自己的偏好决定旅游经营方向。在这种状况下，供旅游活动供给角度对经营个体进行诱导也十分必要。

第一，规划引导。区域旅游开发，或旅游产业重新布局之前往往要制定旅游规划，在制定旅游规划时，应多规划对生态环境负面影响小的旅游活动项目，而少规划对生态环境负面影响大的旅游活动项目，当地旅游管理政府部门应将这种理念明确地传递给旅游规划编制工作组。规划编制完成之后，应对规划严格进行贯彻落实，并从项目申报、审批等环节严格把关，根据事先规划方向进行旅游业开发建设。

第二，政策引导。针对"环境相对友好型旅游项目"，制定有利于其发展的相关政策，如税收政策、供地政策、资金政策、水电费价格政策、基础设施配套政策等，适当减免税收、项目优先申报审批、将环境友好型项目列入优先发展项目列表、减免市政基础设施配套费等。政府可利用手中的引导资金，对环境友好型旅游项目进行资金支持，鼓励其发展。事实证明，民俗体验、节庆活动是甘南草原区吸引力强的魅力旅游项目，这些旅游活动项目的开展不仅可以降低旅游业的负面生态影响，还可以获取较好的经济效益，并可以推动社区居民对旅游业的参与。但同时休闲度假旅游的适度发展也是对甘南草原旅游区旅游产业体系的必要性补充，应该对其进行更多的生态环境监督和管理。

甘南草原区目前的旅游业态主要以休闲度假形式存在，根据前文的分析，这不利于甘南草原区生态旅游业的可持续发展，应该通过政策引导等措施，对这种状况进行调整转变。

第 6 章

结论与讨论

6.1 主要结论

本书在实际调查分析的基础上，得出如下研究结论。

1. 旅游活动的地域性、生态性、文化性特征突出，自由随意性强，环境干扰风险大

甘南草原区的主要旅游活动包括游憩观光，民俗体验，休闲度假，节庆活动，宗教朝圣以及户外运动、骑马娱乐等专项旅游。其中游憩观光是当前甘南草原区的主要旅游业形态，其次节庆活动旅游及宗教朝圣旅游的游客人数所占比例较多，休闲度假游客人数相对较少，湿地观鸟、户外运动等专项旅游业形态在甘南草原区还不成熟，尚未形成专门针对专项旅游的接到服务点。

第一，在甘南草原区，游客游览观光的主要方式包括乘车旅游观光、徒步旅游观光、骑马旅游观光、观景点旅游观光。在当前观光旅游业发展中,游客观景位置的随机性强,用以约束游客的固定的徒步观光游道很少,甚至处于缺乏状态;骑马观光旅游所占的比例很小;游客的主要观光体验来自乘车观光,草原上的观光旅游服务在游客观光体验形成过程中所做的贡献并不大。游客游览观光活动的自由随意性特征极容易带来草地受干扰面积随机扩大的风险。

第二,民俗体验旅游的主要方式包括民俗参观探访、驻留生活体验、节庆活动参与、文化艺术欣赏。当前参观探访是游客对民俗的主要感知方式,游客对民俗文化的认识深度不够,生活体验及节庆活动等文化类旅游项目的客源存在本地化倾向;在旅游业运营中,文化体验服务的层次水平较低,艺术表现形式缺乏创新,这极容易使游客对草原文化失去兴趣,在客观上会增加自然生态型旅游资源的接待压力。

第三,甘南草原区休闲度假的主要方式包括快餐式休闲度假、生活型休闲度假、养生型休闲度假。目前甘南草原区的休闲度假旅游尚未形成气候,休闲度假旅游的经济效益欠佳,休闲度假服务的质量有待提升,游客对休闲度假服务的总体满意度不高,各休闲度假经营个体的服务内容高度雷同,这会造成低水平重复建设、粗放经营的局面,不利于甘南地区草原旅游的集约化发展,同时也会增加对脆弱草地生态系统的干扰。

第四,甘南草原区的节庆旅游活动文化渊源深厚,群众基础广泛,宗教特色突出,场面热闹壮观。节庆旅游发展中存在的问题包括:部分节庆活动只重形象不重效益,与旅游业的结合程度不够,文化氛围有减弱趋势。

第五,宗教朝圣旅游的客源稳定,且在日益发展壮大大;客流比较分散,在整个甘南草原区呈均匀分布状态;宗教朝圣旅游者数量众多,能够传播生态环保思想。宗教朝圣旅游发展中存在的问题有:处于简单自发阶段,旅游效益有待进一步提升,部分宗教朝圣点呈现出不好的商业化苗头,浓郁的商业化氛围不利于宗教生态环保思想的传播。

第六,甘南草原区的专项旅游活动包括湿地观鸟、调研科考、户外运动、野外宿营、绘画摄影、骑马娱乐等。专项旅游的总体特征是规模体量小、宣传效应好、专业性突出、部分专项旅游活动有环保促进作用。专项旅游发展中存在的问题包括：受重视程度不够、相关服务较欠缺、缺乏大众可参与的专项旅游活动。大部分专项旅游活动具有深生态旅游的特征，是环境友好程度更高的旅游活动方式，但专项旅游活动的受重视程度不够。

2. 各种旅游活动对环境的负面影响程度不同

宗教朝圣旅游活动的环境负面影响最小，然后依次是节庆旅游活动、民俗体验旅游活动、游览观光旅游活动，休闲度假旅游活动的环境负面效应最为突出。

第一，在游憩观光旅游活动中，平均每位游客影响的草地面积为160平方米，平均每位游客所造成的草丛生物量损失需要3平方米的正常草地来生产提供，人均垃圾产生量为0.25公斤，基本不产生污水排放，游客的环保意识一般，旅游活动的环境教育功能较弱。

第二，在民俗体验旅游活动中，平均每位游客影响的草地面积是60平方米，平均每位游客对草地的影响程度为0.4平方米，人均垃圾产生量为1.2千克，人均污水排放量为25千克，游客环保意识较强，旅游活动的环境教育功能也较强。

第三，在休闲度假旅游活动中，平均每位游客影响的草地面积是230平方米，这一指标高于游览观光旅游活动，也高于民俗体验旅游活动；平均每位游客对草地的影响程度为6.5平方米，仍然处于较高水平；人均垃圾产生量为1.8千克，人均污水排放量为30千克；在休闲度假过程中，游客的环保意识较差，旅游活动的环境教育功能非常弱。

第四，在节庆旅游活动中，平均每位游客影响的草地面积为12平方米，平均每位游客对草地的影响强度为0.2平方米，人均垃圾产生量为0.5千克，基本不产生污水排放，游客环保意识较差，旅游活动的环境教育功能较弱。总体来看，节庆旅游活动的负面环境影响相对较小。

第五，在宗教朝圣旅游活动中，平均每位游客影响的草地面积为3平方米，平均每位游客对草地的影响强度为0.2平方米，人均垃圾产生量为0.1千克，基本不产生污水排放，游客的环保意识很强，旅游活动的环境教育功能较强。在各种常见的旅游活动方式中，宗教朝圣旅游活动的环境负面影响最小。

第六，大部分专项旅游活动对甘南草地的生态影响相对较小。在各类专项旅游活动中，调研科考专项旅游活动的生态环境影响最小，其次是湿地观鸟与绘画摄影旅游活动，最后是户外运动专项旅游活动，骑马娱乐专项旅游活动的生态环境负面影响较大，野外宿营活动的生态环境负面影响最大。

3. 甘南草原区旅游业生态影响控制应采取"一二四"模式

甘南草原区旅游业生态影响控制的"一二四"模式的具体内容为："一个旅游业生态影响控制战略、两种旅游业生态影响控制方法、四项旅游业生态影响控制的具体措施"。

第一，对草地景观实行公共物品化管理。将甘南草原的草地景观看作公共物品，采用公共物品式的管理；对具有明显"负外部效应"的行为应征收公共物品补偿费，对使用"草地景观公共物品"的个体征收公共物品使用费，政府有义务维护草地的公共物品功能。

第二，采取以下方法对旅游业的生态影响进行约束：设立旅游业生态影响控制指标，对草地资源严格按指标进行检测和管理；重视宗教信仰的生态环境效应，将藏传佛教中的生态伦理思想作为人类的一项文化遗产，对相关生态伦理思想进行宣传，利用宗教机构扩大生态伦理思想的影响力。

第三，采取如下方法对草地自然生态保护进行诱导：通过公共物品管理、生态补偿、相关旅游产品开发等方式对草地的生态价值进行转换，将其转换为现实货币经济价值，通过经济利益诱导人们对草地生态价值的重视；采用消费补贴、精神鼓励、价格调控办法对游客的旅游活动偏好进行诱导；通过规划引导、政策引导手段对旅游运营个体的经营方向进行诱导，使其选择对生态环境负面影响小的旅游经营方式。

6.2 讨 论

本书以调查甘南草原区的各种旅游活动为切入点，分析各种旅游活动对甘南草地生态的影响，在此基础上针对性地提出甘南草原区旅游活动环境影响控制模式，为甘南草原区的旅游规划、旅游开发、旅游运营、旅游管理提供参考。本书以甘南为研究对象，但所采取的研究思路及所提出的一些对策建议，对其他类型区域旅游生态负效应的控制，对其他高海拔草原地区的旅游发展仍然具有一定的参考意义。抓住"生态资源公共物品化"这一关键，以"将生态旅游资源看做公共物品"为基本出发点和研究角度，就能得出控制旅游业生态环境影响的有效对策。

由于研究范围的局限性，所得出的结论可能并不能吻合高海拔草原区每一个具体地方的实际情况，因此在对研究结论进行具体应用时，还需要结合不同局部区域的实际情况而对具体问题进行具体分析。由于研究角度、研究区域等方面的限制，本研究样本还存在如下方面的不足之处：

第一，甘南地区除了草地之外还有林地、荒漠、雪山等，在一些区域，草地、林地、雪峰相间分布，旅游业的生态影响同样涉及林地等区域，因此需要扩大研究对象，提出实用性更强的旅游活动环境影响控制策略。

第二，甘南区地域辽阔，自然气候条件区域差异大，同样是草原，又可分为草甸草原、荒漠草原等不同类型，不同类型草地的生态条件差异很大，旅游业对不同类草地的生态影响方式及生态影响结果也会有很大的差异，因此需要进一步增强研究的针对性。

第三，研究所选定的区域只局限于某一个区域，存在并不能完整反映整个甘南草原区情况的局限性，而且甘南地区同其他高海拔草原地区相比有其特殊性，还无法完整代表全部的高海拔草原地区的特征，因此需要进一步扩大研究范围，以探索旅游业生态环境影响的有效控制途径为目的，对高海拔草原区进行更为全面、系统的研究，为进行中的"一路一带"战略提供产业发展的有益建议。

参考文献

[1] 于伯华, 吕昌河. 青藏高原高寒区生态脆弱性评价 [J]. 地理学报, 2011, 30 (12).

[2] David M. Blersch, Patrick C. Kangas. A modeling analysis of the sustainability of ecotourism in Belize [J]. Environ Dev Sustain, 2012, (7).

[3] Chandra Prakash KALA, Rakesh Kumar MAIKHURI. Mitigating People – Park Conflicts on Resource Use through Ecotourism: A Case of the Nanda Devi Biosphere Reserve, Indian Himalaya [J]. J. Mt. Sci., 2011, (8).

[4] 钟向忠. 青藏高原旅游业和谐发展问题研究 [J]. 桂林旅游高等专科学校学报, 2007, 18 (4).

[5] 邓燕云, 郑洲. 西藏旅游业可持续发展研究——基于发展生态旅游的视角分析 [J]. 重庆大学学报（社会科学版）, 2007, 13 (5).

[6] 阿努, 布穷. 可持续发展理念在西藏旅游业发展中的重要性探析 [J]. 中国商界, 2008, (8).

[7] 卫芳菊. 论西藏旅游业发展中的环境伦理建设 [J]. 西藏民族学院学报（哲学社会科学版）, 2004, 25 (6).

[8] 黄芸玛, 陈蓉. 基于社区视角的三江源自然保护区牧民参与生态旅游研究——以玉树称多县为例 [J]. 青海师范大学学报（哲学社会科学版）, 2011, 33 (3).

[9] 李永翎. 三江源自然保护区生态旅游开发的SWOT分析 [J]. 青海民族研究, 2007, 18 (4).

［10］FANG Chuanglin, LIU Haiyan. The Eco. industry Development Strategy and Demonstrating – district Construction in Sanjiangyuan［J］. Journal of Mountain. Science，2006，24（6）.

［11］李春花. 三江源区生态旅游资源的定量评价［J］. 青海师范大学学报（自然科学版），2004，（2）.

［12］赵霞. 三江源地区生态旅游规划初探［J］. 国土与自然资源研究，2005，（4）.

［13］陈晓雪. 建立完善的三江源生态经济体系［J］. 青海社会科学，2004，（1）.

［14］才让三智. 少数民族牧区草原生态旅游业发展探索［J］. 青海畜牧兽医杂志，2012，42（1）.

［15］周兴维. 红原县草原旅游产业发展研究［J］. 西南民族大学学报（人文社会科学版），2010，（10）.

［16］向宝惠，唐承财，钟林生. 金银滩草原旅游资源保护与利用探讨［J］. 青海社会科学，2009，（5）.

［17］刘丽梅，吕君. 草原旅游发展中旅游管理部门环境意识的调查研究［J］. 中国人口·资源与环境，2008，18（2）.

［18］吕君，刘丽梅. 草原旅游发展中社区居民环境意识水平的调查分析［J］. 中国农村经济，2008，（1）.

［19］张翠丽. 西部草原旅游发展研究［J］. 青海师范大学学报（自然科学版），2007，（2）.

［20］刘敏，陈田，钟林生. 我国草原旅游研究进展［J］. 人文地理，2007，93（1）.

［21］吕君，刘丽梅. 关于草原旅游可持续发展的探讨［J］. 生态经济，2005，（8）.

［22］陈蓉，黄芸玛，张源等. 青藏高原旅游空间结构探析［J］. 旅游论坛，2012，5（1）.

［23］张源. 发展旅游文化产业，建设高原旅游名省［J］. 中国土

族，2011，(3).

[24] 鄂崇荣，解占录，毕艳君. 青海旅游业发展路径个案分析——海北州打造高原旅游名州研究 [J]. 青海社会科学，2011，(2).

[25] 和东红. 思考与展望——青藏高原旅游文化产业的现状和发展 [J]. 商场现代化，2010，(9).

[26] 马生林. 青海建设高原旅游名省探研 [J]. 青海社会科学，2010，(3).

[27] 官秀萍，玉全德. 促进海东地区旅游业又好又快发展 [J]. 青海经济研究，2009，(3).

[28] 石晶. 青藏高原旅游经济可持续发展策略研究 [J]. 兰州学刊，2007，(6).

[29] 李增民. 试论"环青海湖国际公路自行车赛"对高原旅游业发展的影响 [J]. 青海师范大学学报（自然科学版），2005，(4).

[30] 薛明，马忠英，叶奋等. 青海省高原旅游道路的景观与环境设计 [J]. 中国公路学报，2001，(14).

[31] 胡书银，王典坤. 西藏高原旅游资源及其开发利用对策研究 [J]. 生态经济，(5).

[32] 高珊珊，李巍，阚保强等. 藏区旅游城镇规划、建设与民族文化保护——以甘南藏族自治州为例 [J]. 安徽农业科学，2010，38 (30).

[33] 次多. 挖掘藏区旅游资源服务旅游经济发展 [J]. 丝绸之路，2009，(16).

[34] 颜军. 生态旅游：甘孜藏区旅游可持续发展的实现途径 [J]. 科技管理研究，2009，(5).

[35] 昃冬. 试探藏传佛教对藏区旅游的影响 [J]. 阿坝师范高等专科学校学报，2007，24 (2).

[36] 杨健吾. 甘孜藏区旅游资源开发的若干问题 [J]. 西藏民族学院学报（哲学社会科学版），2005，26 (4).

[37] 贡保南杰. 略谈藏区旅游商品开发 [J]. 北京第二外国语学院学报, 2003, (3).

[38] 杨振之, 李玉琴. 西部大开发中藏区旅游城镇规划、建设与民族文化保护 [J]. 西南民族学院学报·哲学社会科学版, 2002, 23 (11).

[39] 杨多才旦. 藏区旅游开发的前景、特点与问题 [J]. 西北民族学院学报（哲学社会科学版）, 2002, (4).

[40] 金仁重. 甘南旅游客源市场分析 [J]. 现代企业文化, 2008, (23).

[41] 魏贤玲. 依托传统文化, 促进甘南旅游经济发展 [J]. 甘肃民族研究, 2007, (1).

[42] 安刚强. 民俗旅游: 甘南旅游的活力源 [J]. 经济观察, 2005, (12).

[43] 安·伦布嘉措. 甘南旅游文化述论 [J]. 甘肃民族研究, 2005, (1).

[44] 马广德. 甘南旅游形象初探 [J]. 甘肃民族研究, 2003, (1).

[45] 吕启祥. 甘南旅游开发现状、前景及开发对策初探 [J]. 西北民族学院学报（哲学社会科学版）, 2002, (2).

[46] 张富贵, 冯根元, 高钢金. 草原生态系统服务功能概述 [J]. 内蒙古草业, 2005, 17 (1).

[47] 吕植. 创建"生态特区", 发挥三江源生态引领作用 [J]. 环境保护, 2011, (17).

[48] 欧阳志云. 三江源生态问题研究的重大突破——评《中国三江源区生态价值及补偿机制研究》[J]. 青海社会科学, 2010, (2).

[49] 彭新沙. 旅游消费生态效应: 概念、类型及特征初探——兼论旅游生态效应研究范式建设问题 [J]. 旅游论坛, 2010, 3 (2).

[50] 熊礼明. 我国旅游生态效应研究综述 [J]. 商业时代, 2009, (1).